Cyberbullying e o Círculo de Diálogo Respeitoso:
a incrível ferramenta em que os alunos realizam a prevenção

Cyberbullying e o Círculo de Diálogo Respeitoso:
a incrível ferramenta em que os alunos realizam a prevenção

Aloma Ribeiro Felizardo

Rua Clara Vendramin, 58 . Mossunguê
CEP 81200-170 . Curitiba . PR . Brasil
Fone: (41) 2106-4170
www.intersaberes.com
editora@intersaberes.com

Conselho editorial
Dr. Ivo José Both (presidente)
Dr². Elena Godoy
Dr. Neri dos Santos
Dr. Ulf Gregor Baranow

Editora-chefe
Lindsay Azambuja

Gerente editorial
Ariadne Nunes Wenger

Assistente editorial
Daniela Viroli Pereira Pinto

Preparação de originais
Gustavo Ayres Scheffer

Revisão de texto
Tiago Krelling Marinaska
Natasha Saboredo

Capa
Design: Débora Gipiela
Imagens: ArtColibris, Cienpies Design e Unchalee Khun/Shutterstock

Projeto gráfico
Bia Wolanski

Diagramação
Débora Gipiela

Responsável pelo design
Débora Gipiela

Iconografia
Sandra Lopis da Silveira
Regina Claudia Cruz Prestes

Dados Internacionais de Catalogação na Publicação (CIP)
(Câmara Brasileira do Livro, SP, Brasil)

Felizardo, Aloma Ribeiro
  Cyberbullying e o Círculo de Diálogo Respeitoso: a incrível ferramenta em que os alunos realizam a prevenção/Aloma Ribeiro Felizardo. Curitiba: InterSaberes, 2021.

  Bibliografia.
  ISBN 978-65-89818-45-8

  1. Bullying 2. Bullying nas escolas 3. Comportamento agressivo 4. Conflito interpessoal 5. Crianças e adolescentes 6. Cyberbullying 7. Violência na escola I. Título.

21-63230   CDD-370.15

Índices para catálogo sistemático:
1. Cyberbullying: Prevenção: Educação   370.15

Cibele Maria Dias – Bibliotecária – CRB-8/9427

Foi feito o depósito legal.
1ª edição, 2021.

Informamos que é de inteira responsabilidade da autora a emissão de conceitos.
Nenhuma parte desta publicação poderá ser reproduzida por qualquer meio ou forma sem a prévia autorização da Editora InterSaberes. A violação dos direitos autorais é crime estabelecido na Lei n. 9.610/1998 e punido pelo art. 184 do Código Penal.

Sumário

Prefácio xv
Apresentação xix

capítulo 1 **Ciberespaço e cibercultura** 23
    1.1   Nativos e imigrantes digitais
           e sabedoria digital 27

capítulo 2 **O que é *cyberbullying*?** 35
    2.1   Características do *cyberbullying* 40
    2.1.1 Ciberagressores: algumas variações 43
    2.2   *Cyberbullying* tipificado em nove ofensas
           digitais 44
    2.3   Quando a agressão virtual não
           é *cyberbullying* 46
    2.4   Consequências do *cyberbullying* 47
    2.4.1 Caso de automutilação e tentativa
           de suicídio 47
    2.4.1.1 Caso Megan Meier, a garota que se suicidou
           por enforcamento 49
    2.4.2 Caso clínico: o lado do agressor de *bullying*
           e *cyberbullying* 50

capítulo 3 **Práticas Restaurativas e o advento do Círculo de Diálogo Respeitoso** 57
- 3.1 As experiências dos educadores do Maranhão com as Práticas Restaurativas 58
- 3.2 Círculo de Diálogo Respeitoso: a ferramenta pedagógica 62
- 3.2.1 Círculo de Diálogo Respeitoso na prática 66
- 3.2.1.1 Depoimento da professora Jane Moreira 66
- 3.2.1.2 Depoimento da professora Raquel Barroso 70
- 3.2.2 Implantação em escolas do município de Feliz Natal (MT) 71
- 3.3 O Círculo de Diálogo Respeitoso e as quatro árvores da vida emocional 83

capítulo 4 **O que a vítima deve fazer em caso de *cyberbullying*: como juntar as provas para o Poder Judiciário** 89
- 4.1 Delegacias especializadas em crimes cibernéticos (por estado) 93
- 4.2 Legislação: proibição do *cyberbullying* pelo ordenamento jurídico 96
- 4.2.1 Código Civil: pais devem indenizar as vítimas dos filhos 98
- 4.2.2 Código Penal, Lei n. 7.716/1989 e Estatuto da Criança e do Adolescente no combate ao *cyberbullying* e ao *bullying* 99
- 4.2.2.1 Estatuto da Criança e do Adolescente – Lei n. 8.069/1990 102
- 4.2.3 Desmistificando a ideia da impunidade: juventude, violência e maioridade penal 104
- 4.3 O Poder Judiciário em defesa dos alunos vítimas de *cyberbullying* 107
- 4.4 O Poder Judiciário em defesa dos professores vítimas de assédio moral virtual 109
- 4.5 A instituição escolar nas ações judiciais: *bullying*, *cyberbullying*, agressão física e omissão da escola 111

capítulo 5 **Orientações e sugestões para pais e professores** 115
    5.1   Educação virtual 116
    5.1.1   Plágio escolar e uso da Wikipédia em trabalhos escolares 120
    5.1.2   Covid-19: golpes e notícias falsas na internet 121
    5.1.3   Hackearam minha senha do Orkut, do MSN e do *e-mail* 121
    5.1.3.1   Procedimento para inserir marca d'água em uma foto 127
    5.2   Quando o celular é ferramenta para ofensas 128
    5.3   Profissões do presente e do futuro 128

capítulo 6 **Sugestões pedagógicas** 133
    6.1   A dramatização como ferramenta pedagógica eficaz para a comunidade escolar 135
    6.2   Debates sobre *cyberbullying*: trabalho em grupo 136
    6.3   A criação de *blog* nas disciplinas e o uso das tecnologias de informação e comunicação 136
    6.4   A ética como tema transversal dos Parâmetros Curriculares Nacionais 137
    6.5   Sugestões de material de apoio pedagógico 139
    6.5.1   Livros para melhor compreender o Círculo de Diálogo Respeitoso 140
    6.5.2   Produções cinematográficas sobre *bullying* e *cyberbullying* 142

Considerações finais 145
Referências 147
Anexo – Políticas públicas: leis federais *antibullying* 155
Sobre a autora 163

Dedicatória

Este livro é uma homenagem à professora Elenice da Silva (1966-2020), parceira desde 2008 na luta contra o *bullying*. Em setembro de 2017, na Livraria da Vila, em São Paulo, ela escreveu o seguinte autógrafo no segundo livro de sua autoria: "Que nosso viver seja por uma sociedade de paz!". Assim foi minha amiga Elenice.

Saudades, de Aloma

Agradecimentos

A Deus, pelo grande presente que me deu: minha família, especialmente minhas netas Bárbara e Sofia, pelas quais luto por uma vida escolar sem violências.

Ao promotor de Justiça Miguel Slhessarenko Júnior, do Núcleo de Defesa da Cidadania do Ministério Público de Mato Grosso, expresso gratidão pela confiança e pela credibilidade dadas ao meu trabalho como palestrante acadêmico-científica, por ocasião do convite para palestrar no 1º Encontro Estadual do Ministério Público de Mato Grosso, intitulado "A prevenção do *bullying*, do suicídio e da violência escolar", um marco na abertura de uma visão social, técnica e científica dos problemas da educação para a proteção integral de crianças e adolescentes nas escolas.

À advogada Patrícia Glaura Campos, defensora dos direitos fundamentais de proteção integral da criança e do adolescente, na condição de coordenadora do Projeto Anjos da Escola em Cuiabá (MT), que me convidou para participar do lançamento e do acompanhamento do projeto, que se estendeu e, consequentemente, fortaleceu meu trabalho na conscientização científica e na prevenção do *bullying*, do *cyberbullying* e de seus desdobramentos no estado do Mato Grosso.

A Jane Moreira, mestre em Educação Tecnológica, de Minas Gerais, e a Raquel de Oliveira Felisberto Barroso, pedagoga e psicopedagoga de Campinas (São Paulo), pioneiras na implantação das práticas da ferramenta pedagógica Círculo de Diálogo Respeitoso em suas salas de aula. Em cada relatório, telefonema ou supervisão virtual, eu era surpreendida com boas notícias quando um aluno saía de incidentes de *bullying* e *cyberbullying* e de outras situações conflitivas. As estudiosas me deram muita alegria e certeza da eficácia dessa ferramenta, e o incentivo delas foi primordial para a continuação das pesquisas-ação com mais professores e a inclusão, nesta obra, desses feitos pioneiros, em prol da tão almejada cultura da paz nas escolas. Obrigada de coração, Jane e Raquel. Seguimos em frente!

À equipe da Promotoria de Justiça de Feliz Natal (MT): Dr. Willian Oguido Ogama (promotor de Justiça), Thais Gonçalves Socreppa (assistente ministerial), Emilly Farias Lemos Rosa (auxiliar ministerial), Maria Rita Schardong Ferrão (técnica administrativa), Genilson Marcovicz Júnior e Lucas Felype Almeida Andrade Trindade (ambos estagiários), Géssica Maiara Vicente (recepcionista), Ana Lúcia de Andrade Francisco (segurança), Ana Paula Pereira Bastos e Dheovanna Pereira Carvalho (ambas da área de serviços gerais), pela capacidade organizacional com que brindaram minha palestra no Projeto Integra MP e na capacitação dos professores realizada no município, bem como pela competência técnica que foi essencial para o bom andamento dos trabalhos. Não faltou cordialidade e cuidados com meu bem-estar, até o último cafezinho. Muito obrigada. Que receptividade inesquecível!

À Secretaria Municipal de Educação, Cultura e Esporte da cidade de Feliz Natal (MT): a Salete dos Santos Silva e seus colaboradores Enisandra Aparecida Garcia Oliveira e Joaquim Martins da Silva Neto, pelo apoio em nossas reuniões presenciais e virtuais.

Às diretoras das escolas municipais da cidade de Feliz Natal (MT), Patricia Devetak Pereira Coleone e Silvia Tibolla Anacleto, por aceitarem a prática do Círculo de Diálogo Respeitoso em suas unidades escolares.

Às coordenadoras pedagógicas das escolas municipais da cidade de Feliz Natal (MT), Juliana Mazei e Luzia Oliveira, pela conexão, pela orientação e pelo incentivo aos professores para a efetividade dessa ferramenta.

Aos professores das escolas municipais da cidade de Feliz Natal (MT), Célia dos Santos, Cristiane Pereira de Carvalho, Elislaine de Albuquerque Gomes Bernardino, Josias dos Santos e Roseli Aparecida da Silva, pela importância de suas atuações em sala de aula, para que tudo de bom pudesse acontecer com os alunos. Sem vocês, esta obra não seria completa. Obrigada!

À Dr.ª Marília Graf, mestre em Psicologia Social, que, na condição de psicóloga clínica, enriqueceu sobremaneira esta obra com seu relato clínico, que contribuiu para a percepção real de quem é esse adolescente autor de *bullying* e *cyberbullying*.

À Dr.ª María Fontemachi, presidente da Asociación Latinoamericana de Magistrados, Funcionarios, Profesionales y Operadores de Niñez, Adolescencia y Familia (AlamfpyOnaf), de Mendoza (Argentina), a qual, desde o ano de 2014, tem me incentivado e convidado como palestrante de honra para apresentar meus estudos e como presidente de Comissão nos seus congressos anuais para a América Latina. *Muchas gracias!*

Há momentos em que as palavras não expressam suficientemente minha gratidão a vocês.

Prefácio

Esta nova obra, intitulada *Cyberbullying e o Círculo de Diálogo Respeitoso*, de autoria da pedagoga, escritora e palestrante Aloma Ribeiro Felizardo, vem a calhar em virtude da escassez de produções sobre essa temática em nosso país. Trata-se de um valioso trabalho, uma vez que, além de abordar o problema, propõe uma ferramenta capaz de evitar a sua ocorrência.

Sequer poderia imaginar que teria acesso ao "embrião" do presente livro naquele dia 8 de agosto de 2019, no 1º Encontro Estadual do Ministério Público de Mato Grosso – dedicado à temática "A prevenção do *bullying*, do suicídio e da violência escolar" –, ao assistir à palestra da autora, intitulada *"Bullying, cyberbullying e suas diversas manifestações"*, que despertou grande interesse dos espectadores, em sua maioria educadores e promotores de Justiça. Nesse evento, a autora apresentou uma abordagem didática e simples do tema, propondo a adoção de medidas preventivas e o uso do diálogo para o enfrentamento do *bullying*. Ainda no citado evento, a autora demonstrou interesse em contribuir para o projeto Integra MP, executado pela Promotoria de Justiça de Feliz Natal (MT), cujo objetivo era criar vínculos mais fortes entre a sociedade, a comunidade escolar e o Ministério Público, visando à adesão de medidas para evitar a violência no ambiente escolar após a ocorrência de atos de vandalismo e pichações na escola desse município.

No dia 30 de outubro de 2019, pouco mais de dois meses após aquele primeiro encontro, a autora não mediu esforços para se deslocar mais de 1.500 km, de São Paulo ao norte do Mato Grosso, para proferir uma palestra para uma plateia de aproximadamente 350 pessoas. No dia seguinte, a autora já teve êxito em implantar o Círculo de Diálogo Respeitoso, tendo em vista a capacitação de 167 profissionais da educação e a adesão de 20 professores voluntários para o programa, os quais, imbuídos de novas práticas, elaboraram relatórios relevantes e contribuíram para a atuação do Ministério Público na seara da infância, possibilitando a intervenção precoce para a proteção de crianças e adolescentes.

Com a mesma velocidade dos avanços tecnológicos e das mudanças sociais – fenômenos que têm conferido ao *bullying* um viés cada vez mais cibernético –, esta obra "nasce" com conteúdo teórico e prático apoiado nos resultados de sua aplicação.

Não restam dúvidas de que o Círculo de Diálogo Respeitoso é um instrumento poderoso e eficiente, a ponto de evitar a ocorrência do *bullying* e do *cyberbullying*. O método ressalta a importância da própria valorização dos envolvidos colocados como protagonistas da resolução de tais agressões, gerando ambiente de empatia, em que os problemas são compartilhados e trabalhados de maneira mais humana e na própria sala de aula. Essas características da ferramenta proposta pela autora sensibilizam todos os atores envolvidos nos conflitos, bem como estão em consonância com os ditames da Constituição Federal, que determina, em seu art. 205, que a educação é direito de todos e dever do Estado e da família e deve ser promovida e incentivada com a colaboração da sociedade (Brasil, 1988).

Com seu conteúdo testado e aprovado, a práxis deve ser disseminada e solidificada. Assim, esta obra é indicada àqueles que pertencem à comunidade acadêmica e que atuam na rede de proteção e educação de crianças e adolescentes – como professores, alunos e educadores –, bem como aos operadores do Direito: juízes, promotores, advogados, defensores públicos e servidores.

Melhor do que mitigar os danos causados pelo *bullying* e pelo *cyberbullying* é evitar que ocorram. É por esse motivo que o Círculo de Diálogo Respeitoso desenvolvido pela autora é transformador.

WILLIAN OGUIDO OGAMA[1]
FELIZ NATAL (MT), 21 DE MARÇO DE 2020

---

1   Willian Oguido Ogama é promotor de Justiça do Estado de Mato Grosso. É graduado em Direito pela Universidade Estadual de Londrina (UEL, 2008); pós-graduado nos cursos da Fundação Escola do Ministério Público do Paraná (Fempar, 2010), do Instituto de Direito Constitucional e Cidadania (IDCC, 2013) e da Universidade Anhanguera (Uniderp, 2013); e pós-graduando em Prevenção e Repressão à Corrupção – Aspectos Teóricos e Práticos pela Universidade Estácio do Sá (Unesa).

Apresentação

No Brasil, a primeira obra sobre o *bullying* escolar fundamentada em pesquisa científica foi publicada em fevereiro de 2004 por dois autores brasileiros: o pediatra Aramis Lopes Neto e a psicopedagoga Lúcia Helena Saavedra. Já o primeiro instrumento de investigação sobre o tema foi aplicado em 11 escolas do Rio de Janeiro, iniciativa que foi possível com o apoio de materiais impressos e muitas informações trazidas por Lauro Monteiro Filho, médico pediatra, quando visitou instituições especializadas em Londres, Paris e Bordeaux em outubro de 2001 (Felizardo, 2019, p. 26-27).

Participando ativamente desse panorama, a autora desta obra, desde o ano de 2008, vem estudando, escrevendo obras e palestrando, com base científica, sobre intimidação, perseguição, humilhação, calúnia, difamação e ataques à honra e à imagem oriundos do *bullying* e do *cyberbullying*, ilícitos ocorridos entre estudantes nas escolas. Desde o ano de 2009, a mídia começou a divulgar, com mais ênfase, esses fenômenos, fazendo com que o assunto chegasse à população em geral. Também nesse mesmo ano preparamos a primeira obra, em português, sobre *cyberbullying* e a lançamos em 2010.

Os índices de intimidação – ou *bullying* – no Brasil são alarmantes, de acordo com pesquisa realizada por meio de questionário a professores, gestores e diretores no ano de 2018. A publicação de dois volumes, sendo um em 19 de junho de 2019 e o outro em 23 de março de 2020, elaborados pela Organização para a Cooperação e Desenvolvimento Econômico (OCDE), mostrou que "28% dos diretores escolares relataram atos de intimidação ou *bullying* entre estudantes, o qual é muito alto pela média da OCDE (14%)" (OECD, 2019, tradução e grifo nossos). Justificada a grande incidência das violências entre os estudantes, esta obra pretende dar um panorama geral da mudança da cultura pós-internet, do ciberespaço e da cibercultura, bem como abordar o fenômeno do *cyberbullying* nas escolas do Brasil.

No Capítulo 1, discorremos sobre os conceitos de ciberespaço e cibercultura, bem como a respeito do polêmico contraste divisório geracional entre nativos e imigrantes digitais.

No Capítulo 2, apresentamos o conceito de *cyberbullying* e suas especificidades, com o objetivo de incentivar você a observar e detectar ações de atores desse tipo de agressão entre estudantes, bem como a lidar com tais eventos. Elencamos as consequências do *cyberbullying* por meio da apresentação de três histórias reais que ilustram a gravidade desta prática: o primeiro relato é sobre um caso de automutilação e tentativa ou realização de suicídio; a segunda história trata do famoso caso Megan Meier, a garota que se suicidou por enforcamento; e a última narrativa é sobre um caso clínico que trata do lado do agressor de *bullying* e *cyberbullying*.

No Capítulo 3, com base em iniciativas de capacitação de professores e gestores para a prevenção do *bullying* e do *cyberbullying* nas escolas, apresentamos a primeira versão sistematizada e sucinta do programa Círculo de Diálogo Respeitoso (CDR), bem como a práxis da ferramenta, criada e desenvolvida pela autora deste livro. Inicialmente projetado para alunos do ensino infantil e fundamental, o objetivo do CDR é reduzir o *bullying*, o *cyberbullying* e os conflitos decorrentes dessas agressões, para então viabilizar excelentes relações interpessoais entre professor-aluno e aluno-aluno em sala de aula. Ao reforçar os vínculos afetivos, esse recurso permite que os próprios estudantes façam a prevenção. Ainda nesse capítulo, para facilitar a compreensão dos sentimentos e necessidades dos alunos, ilustramos as quatro árvores da vida emocional, de autoria de Jéferson Cappellari, que apresentam as especificidades da raiva, do medo, da tristeza e da felicidade. É importante que os educadores percebam os aspectos abstratos das emoções e suas consequentes reações físicas, demonstradas pela voz, pelo ritmo das palavras, pelos gestos, pela expressão facial e pela postura corporal dos estudantes.

No Capítulo 4, orientamos os pais das vítimas de *cyberbullying* a juntar evidências das agressões cometidas a apresentá-las para o Poder Judiciário. Na sequência, enumeramos as delegacias especializadas no

Brasil para iniciar processos judiciais entre os atores do *cyberbullying* e suas vítimas, e indicamos o amparo da legislação brasileira nesses casos de violência por meio da apresentação de sentenças de condenações proferidas a atos infracionais promovidos por ciberagressores. Entre os três casos elencados nesta parte da obra, o primeiro é de um juiz que pune jovens por xingarem uma colega de "bode"; o segundo diz respeito a uma antiga rede social, o Orkut, utilizada por pais de alunos que zombaram de um professor e responderam judicialmente pela agressão; e o terceiro refere-se a *bullying*, *cyberbullying*, agressão física e omissão da escola. Convém destacar que o primeiro caso retrata a primeira condenação no Brasil por *cyberbullying*, datada de 2006 e julgada em 8 de setembro de 2008; graças a esse evento, os professores não acostumados com a dinâmica e o funcionamento do Judiciário poderão facilmente contemplar essas três acusações formais, legais e judiciais sob a ótica de nosso ordenamento jurídico e de como é feita a aplicação das nossas leis pelos juízes.

No Capítulo 5, apresentamos orientações para pais e professores sobre características e dinâmicas importantes do mundo digital.

No Capítulo 6, sugerimos algumas ações pedagógicas, especificamente aos professores, sobre o uso da dramatização, bem como a respeito da aplicação do tema transversal *ética* dos Parâmetros Curriculares Nacionais (PCN) para trabalhar o comportamento social, a ética e a cidadania com os alunos. Além disso, indicamos nessa parte do livro uma cartilha adequada para nortear debates sobre *cyberbullying* e a criação de *blogs* relacionados às várias disciplinas escolares.

A obra também conta com indicações de apoio pedagógico, tais como livros e filmes para embasar as ações do professor no combate ao *cyberbullying* e na formação de cidadãos para o manejo ético e responsável da internet no cibermundo.

Finalizando, no Anexo "Políticas públicas: leis federais *antibullying*", apresentamos para o público-alvo desta obra a legislação relacionada ao combate às agressões sistemáticas no campo da Educação: a Lei n. 13.185/2015, que institui o Programa de Combate à Intimidação Sistemática (*Bullying*); a Lei n. 13.277/2016, que institui o dia 7 de abril como o Dia Nacional de Combate ao *Bullying* e à Violência na Escola; a Lei

n. 13.663/2018, que altera o art. 12 da Lei n. 9.394/1996 (Lei de Diretrizes e Bases da Educação Nacional – LDBEN), para incluir a promoção de medidas de conscientização, prevenção e combate a todos os tipos de violência, bem como a viabilização da cultura de paz entre as incumbências dos estabelecimentos de ensino; e a Lei n. 13.819/2019, que institui a Política Nacional de Prevenção da Automutilação e do Suicídio.

Que nossas crianças e adolescentes sejam felizes nas escolas!

capítulo um
Ciberespaço e cibercultura

As tecnologias de informação e comunicação (TICs) e a abundância de redes interativas têm causado impactos determinantes nas diferentes maneiras de viver, nos comportamentos, nos modos de pensamento e, até mesmo, na ética e nos valores dos indivíduos na sociedade contemporânea. As mudanças que essas ferramentas ocasionaram na realidade das pessoas deram origem ao que conhecemos como *cibercultura* – nome dado pelo filósofo francês Pierre Lévy (1999), estudioso das interações entre a sociedade e a internet – e, por consequência, ao lugar dessa nova cultura, o **ciberespaço**:

> O ciberespaço (que também chamarei de "rede") é o novo meio de comunicação que surge da interconexão mundial de computadores. O termo especifica não apenas a infraestrutura material da comunicação digital, mas também o universo oceânico de informações que ele abriga, assim como os seres humanos que navegam

e alimentam esse universo. Quanto ao neologismo "cibercultura", especifica aqui o conjunto de técnicas (materiais e intelectuais), de práticas, de atitudes, de modos de pensamento e de valores que se desenvolvem juntamente com o crescimento do ciberespaço. (Lévy, 1999, p. 17)

Assim como ocorreu com o jornal, o rádio e a televisão até as duas últimas décadas do século XX, o computador, o celular e a internet causam mudanças constantes nos hábitos das sociedades. Nessa nova dinâmica, há uma sociedade **virtual** paralelamente à sociedade **presencial**, movida por meio de tecnologias que transformam a interação do humano com a máquina em um processo que não tem mais retorno. Em função disso, as pessoas também vivem na atualidade vidas paralelas: uma presencial e uma virtual, sendo que esta última gera repercussões na primeira – por meio da internet, os indivíduos mantêm seus círculos de amizade, namoram, compram, trabalham, ganham dinheiro como *influencers*, estudam, escrevem mensagens e recados, pesquisam, trocam imagens, enviam arquivos etc. De maneira acelerada, escrevemos com os dois dedos polegares das mãos e conversamos com imagens numa agilidade impressionante.

Por conta desse relacionamento cotidiano com o mundo virtual, muitos foram os termos ligados à tecnologia da informação que surgiram, como *cyberworld*, *ciberespaço*, *cibercultura* e *cibercidadão*. Essas palavras têm sua origem no vocábulo *cibernética*, criado em 1984 por Wiener e Rosenblueth (Kim, 2004). Além dos tópicos citados, temos o *cyberbullying*, sobre o qual discutiremos a seguir.

O primeiro livro sobre *cyberbullying* no Brasil, em português, foi escrito por esta autora no ano de 2010, sob o título *Cyberbullying: difamação na velocidade da luz*. Na epígrafe da obra, é dito que a "velocidade da luz é, aproximadamente, 300 mil quilômetros por segundo" (Felizardo, 2010, p. 11). Essa explicação é apresentada sob a influência dos ensinamentos do Professor Eugênio Rondini Trivinho, coordenador do curso "Extensão Universitária – Comunicação, Educação e Cibercultura: novos horizontes da formação humana na sociedade digital", da Pontifícia Universidade Católica de São Paulo (PUC-SP). Esse esclarecimento tem como objetivo estabelecer uma relação com o **tempo** nas redes das tecnologias, que, na visão de Trivinho (2018),

> é o tempo instantâneo, é o tempo da luz, que faz com que informações, mensagens, dados, imagens circulem na velocidade da luz, a 300 mil quilômetros por segundo. Um "enter" faz, evidentemente, uma informação chegar ao Japão em centésimos de segundo, quando uma viagem até lá, para levar a mesma informação, demoraria de 12 a 14 horas ou mais, dependendo do meio de transporte.

Perceba que, com base nesse raciocínio, podemos afirmar que a questão da internet na velocidade da luz cria um abismo entre o mundo veloz e os sistemas escolares existentes – lentos por natureza. Nessa dinâmica,

> nós, professores, não dispomos de recursos teórico-práticos suficientes para utilizarmos, em sala de aula, as potencialidades que as tecnologias digitais e redes interativas nos põem para que nós até façamos o caminho de atualização do saber, a começar pela formação de sujeitos, com novos saberes, sobre o mundo que eles mesmos vivem. Quer dizer, nós mesmos temos dificuldade de atualização em relação ao uso pedagógico dessas tecnologias e há muito por fazer para superar. (Trivinho, 2018)

Portanto, devemos estar atentos às "novas formas de aprender propiciadas pelas TICs" e à sua influência na atualização dos educadores dessa atualidade extremamente veloz e mutável em que vivemos, de modo a criar "novas formas de ensinar [...] imprescindíveis para a escola, sob pena de ela se tornar obsoleta" (Brito; Purificação, 2015, p. 18).

Para que a escola não se torne obsoleta e crie novas formas de ensinar, é necessário que os alunos utilizem seus aparelhos celulares, iPads, *tablets*, *notebooks* etc., orientados por professores adaptados às novas tecnologias e à utilização de ferramentas pedagógicas tecnológicas no cotidiano das salas de aula contemporâneas. Convém ressaltar que esse trabalho vai muito além das clássicas aulas na sala de informática, que contavam somente com o uso de computadores de mesa.

De acordo com dados divulgados na Pesquisa Nacional por Amostra de Domicílios Contínua (PNAD) de 2017 (IBGE, 2021), o percentual de pessoas que tinham telefone móvel para uso pessoal foi mínimo no grupo etário de 10 a 13 anos (41,8%), subindo abruptamente no grupo de 14 a 17 anos (71,2%). Essas informações mostram uma realidade que só vem se tornando mais representativa: é significativo o número de estudantes em posse de celular, prontos para usá-lo pedagogicamente em salas de aula.

Apesar de ainda existir uma barreira geracional tecnológica (por exemplo, entre nativos e não nativos digitais, entre a televisão e dispositivos como *notebooks*, *tablets* e celulares), o fato é que a "internet está explodindo como a mídia mais promissora desde a implantação da televisão", tendo em vista a velocidade do crescimento no número de usuários de celulares e internet (Moran, citado por Brito; Purificação, 2015, p. 106). Trata-se de uma dinâmica que não tem mais retorno e que só se tornará cada vez mais complexa.

No entanto, há uma preocupação: de um lado, temos alunos ágeis com celulares; de outro, temos professores e pais com dificuldades para acompanhar e manusear a tecnologia com a rapidez dos alunos e filhos. Existem maneiras de diminuir o precipício que, muitas vezes, separa esses grupos? É o que veremos no decorrer deste capítulo.

1.1 Nativos e imigrantes digitais e sabedoria digital

As pesquisadoras Thaís Cristina Leite Bozza, doutoranda em Educação na área da psicologia, e Telma Pillegi Vinha, professora do Departamento de Psicologia Educacional da Universidade Estadual de Campinas (Unicamp), explicam que, apesar de os celulares e a internet fazerem parte da vida desta geração, muitas escolas não utilizam esses instrumentos como parte do trabalho pedagógico (Bozza; Vinha, 2017, p. 1.922). As citadas autoras aprofundam a questão:

> *Negar a existência ou proibir o uso desses equipamentos em sala de aula, como fazem muitas escolas brasileiras, não é uma ação educativa, e denota não ser levado em conta o que é significativo, ou até mesmo essencial, para a formação dessa geração atual. Isso resulta, inevitavelmente, em um distanciamento entre a escola e os "**nativos digitais**", além de não favorecer a formação de "**sábios digitais**". (Bozza; Vinha, 2017, p. 1.922, grifo nosso)*

Esse distanciamento entre os nativos digitais e os sábios digitais é explicado pelas autoras da seguinte maneira:

> 1. Prensky apresenta o **termo nativo digital** para indicar a geração de jovens que possui cinco ou mais anos de experiência online, a primeira geração conectada à rede mundial de computadores.
> 2. Prensky descreve o **conceito de Sabedoria Digital**, referindo-se a dois aspectos: tanto o conhecimento adquirido por meio da tecnologia quanto a própria sabedoria no uso da tecnologia. (Bozza; Vinha, 2017, p. 1.922, grifo nosso)

Tendo esses grupos em vista, para a pesquisadora Thaís Cristina Rodrigues Tezani, professora do Departamento de Educação da Universidade Estadual Paulista (Unesp) de Bauru, o ato de possibilitar ao "nativo digital o acesso ao universo do ciberespaço" e, assim, "contribuir para o prazer da descoberta, da investigação, da curiosidade e da construção de novos conhecimentos, é que nos faz (re)pensar as práticas pedagógicas mediadas pelas Tecnologias Digitais da Informação e Comunicação – TICs" (Tezani, 2017, p. 305). Dessa maneira, acreditamos que os celulares são instrumentos eletrônicos a serem utilizados em sala de aula como ferramentas pedagógicas no processo de ensinar e aprender dos nativos digitais.

Recuperando a última citação de Bozza e Vinha (2017), vamos conhecer um pouco o trabalho de Marc Prensky, que criou em 2001 o termo *nativo digital*. O estudioso palestrou em mais de 40 países, escreveu 7 livros e publicou mais de 100 ensaios e outros textos traduzidos para vários idiomas. MBA pela Universidade de Harvard e mestre em Artes em Ensino pela Universidade de Yale, Prensky foi agraciado em 2016 com o Prêmio INDIES Book of the Year Awards em Educação pelo seu último livro, *Educação para melhorar seu mundo: libertando o poder das crianças do século XXI* (publicado pela Columbia TC Press em 2016).

Marc Prensky ensina como os indivíduos podem se adaptar socialmente às tecnologias dos nascidos antes e depois do marco da internet, o ano de 1987, bem como aborda os desafios desse tempo para quem educa, para os alunos e para os pais.

> Em Nativos digitais, imigrantes digitais: parte I, *discuti como as diferenças entre nossos **alunos nativos digitais e seus professores imigrantes digitais** estão na raiz de muitos dos problemas educacionais de hoje. Sugeri que os cérebros dos nativos digitais provavelmente são fisicamente diferentes como resultado da entrada digital que receberam quando cresceram. E afirmei que o aprendizado via jogos digitais é uma boa maneira de alcançar os nativos digitais em sua "língua nativa".* (Prensky, 2001, grifo nosso, tradução nossa)

O citado autor também declarou: "Sinto-me honrado pelo fato de os termos 'nativos digitais' e 'imigrantes digitais' ainda estarem capturando a atenção das pessoas – atraindo elogios e críticas – mais de uma década depois que eu os cunhei" (Prensky, 2012, p. 6, tradução nossa).

No que tange à problemática acerca do termo *nativos digitais*, é importante ressaltar que o marco da internet no Brasil, o ano de 1987, demarca as eras digitais dos séculos XX e XXI. A dita expressão foi legitimada pelo Decreto n. 10.222, de 5 de fevereiro de 2020 (Brasil, 2020), que aprovou a Estratégia Nacional de Segurança Cibernética – E-Ciber, cujo Capítulo 2.4, intitulado "Educação", recomenda o desenvolvimento de uma cultura de segurança cibernética, por meio da educação, que alcance todos os setores da sociedade e níveis de ensino. Os objetivos desse plano são a **prevenção de incidentes** e o **estímulo ao uso responsável** das tecnologias, fatores-chave para o desenvolvimento do país e dos valores defendidos por Prensky. De acordo com a lei citada:

> *destaca-se a importância da alfabetização digital, ou digital literacy, conceito que, segundo a Western Sidney University, significa "possuir as habilidades necessárias para viver, aprender e trabalhar em uma sociedade em que a comunicação e o acesso à informação ocorrem cada vez mais por meio de tecnologias digitais,*

como plataformas da Internet, mídias sociais e dispositivos móveis". Esse esforço de educação digital, que passa pela inclusão tecnológica, visa a preencher imensa lacuna entre os usuários atuais dessas tecnologias e os pertencentes ao grupo dos chamados "nativos digitais", expressão criada em 2001, por Marc Prensky, especialista estadunidense em educação, que usou o termo para se referir a todos os nascidos após 1980, cujo desenvolvimento biológico e social se deu em contato direto com a tecnologia. (Brasil, 2020)

> As gerações dos nativos digitais estão sendo ensinadas por imigrantes digitais nas escolas. Portanto, é necessário um olhar atento às políticas educacionais para alinhar o futuro da educação digital.

Em uma entrevista em que foram abordadas, entre outros temas, críticas a seu trabalho, Prensky respondeu o seguinte sobre a classificação do termo *nativo digital* como mito:

> Acho que o que aconteceu foi que as pessoas supuseram – e me refiro especificamente aos acadêmicos – que ser um nativo digital significava ter nascido sabendo mais sobre tecnologia do que alguém mais velho. Isso não é verdade. As pessoas têm de aprender. Ninguém nasce sabendo usar o Word da Microsoft. Todo mundo tem de aprender, mas o que mudou foram as atitudes das pessoas. É isso que acho que essas pessoas não entenderam. Se conversar com os jovens em geral e perguntar qual é a opinião deles sobre privacidade, sobre compartilhar informações, sobre encontrar um parceiro, sobre muitíssimos assuntos, eles se sentem muito mais à vontade fazendo isso no mundo digital do que os adultos, e as pessoas que se sentem mais à vontade no mundo digital são o que eu chamo de nativos digitais. (Prensky, 2018)

Continuando com Prensky, temos uma proposta fundamental para trabalhar com alunos que se enquadram na categoria de nativos digitais, para que sua aprendizagem seja realmente significativa:

> *O epílogo do livro* Nativos digitais à sabedoria digital: homo sapiens digital *apresenta uma visão esperançosa da era que virá rapidamente, quando todos os alunos e educadores nascerão no século 21 e, portanto, por definições, serão "nativos digitais".*
>
> *Sugiro nesse ensaio que a questão que devemos ponderar para esse futuro não é mais se devemos usar tecnologias de nosso tempo, mas como usá-las para se tornarem pessoas melhores e mais sábias.* (Prensky, 2012, p. 9, tradução nossa)

É importante ressaltar que Prensky observou que as fronteiras entre imigrantes e nativos digitais viria a se diluir no século XXI: em sua visão futurística, o estudioso afirmou, no ano de 2012, que essas diferenças estavam próximas de deixar de existir, pois alunos e professores nascidos no início do terceiro milênio serão todos nativos digitais.

Na Era Digital, os pesquisadores Patrícia Margarida Farias Coelho, mestra em Letras e doutora em Comunicação Semiótica, Marcos Rogério Martins Costa, mestre e doutor em Letras, e João Augusto Mattar Neto, mestre em Tecnologia Educacional e doutor em Letras, enriquecem os saberes com a pesquisa *Saber digital e suas urgências: reflexões sobre imigrantes e nativos digitais* (Coelho; Costa; Mattar Neto, 2018). No plano científico, esse estudo demonstrou ser possível analisar uma categoria e graduá-la tanto sensível quanto inteligivelmente:

> *O nativo digital, em geral, está mais envolvido sensivelmente com o saber digital, portanto, sua interação com a cultura digital é mais da ordem do sensível do que do inteligível. Já o imigrante digital tem um contexto diferente. Ele não nasceu imerso na cultura digital, por isso seu contato com os aparatos tecnológicos é mais tardio. Daí o seu envolvimento ser mais da ordem do inteligível do que do sensível. Sobre o andamento desses dois conceitos, podemos dizer que a tendência do nativo digital é subir cada vez mais rumo à interação sensível com as novas mídias.*
>
> *Como pudemos concluir, há uma gradação escalar da sabedoria digital. Nela, pudemos depreender as diferentes e diversas posições do sujeito em sua relação com as novas mídias. A partir dessas posições, foi possível verificar o ponto inicial e o possível andamento tanto do nativo quanto do imigrante digital na gradação escalar do saber digital.* (Coelho; Costa; Mattar Neto, 2018, p. 1.090-1.091)

Gerações de nativos digitais, imigrantes digitais e sábios digitais encontram-se no *cyberworld* e em suas intersecções nas sociedades estudantil, pessoal e profissional do indivíduo, que é instado constantemente a viver suas relações interpessoais nas redes sociais que fazem parte desta grande revolução da sociedade digital.

> De acordo com Fernandes (2018), há dez redes sociais que (quase) todo mundo usou desde a década de 1990, as quais podem ser divididas em dois grupos: (1) mIRC, ICQ, MSN Messenger, Fotolog, Myspace e Orkut (destas, algumas já foram desativadas ou contam com poucos usuários); e (2) Facebook, Twitter, Instagram e WhatsApp (as quais permanecem). É válido ressaltar que o WhatsApp, com a nova versão WhatsAppBusiness, já alcançou 1,2 bilhões de usuários sociais no mundo.
>
> Além das redes sociais citadas anteriormente, algumas outras já foram desativadas, como o Snapchat, que tinha transmissões eletrônicas instantâneas que podiam ser apagadas de imediato; hoje, temos os *Stories* do Instagram, que ficam apenas 24 horas no ar. Em 14 de abril de 2020, o Brasil foi o primeiro país a receber a função *Stories* no LinkedIn (Arbulu, 2020).
>
> Além das redes sociais, há ainda *blogs*, *websites*, o YouTube, *e-mails*, *softwares* de videoconferência (como o Zoom), aplicativos (APPs) e muitas outras inovações tecnológicas que surgem de um dia para o outro. É um mundo tão veloz que a máquina que está em sua mão agora pode não suportar baixar aplicativos de atualização, podendo se tornar, em questão de meses, obsoleta. Na tecnologia de informação e comunicação, aquilo que é **hoje** não o será amanhã.

Tendo esse panorama desenhado, podemos concluir, neste capítulo, que o século XXI originou um novo arranjo tecnológico e social, no qual podemos observar um abismo tecnológico geracional que separa, muitas vezes, adultos formados sem alfabetização tecnológica e crianças de colo que já sabem manusear celulares e *tablets*. Nesse novo contexto, adultos e idosos aprendem com crianças e adolescentes; professores se veem, muitas vezes, obsoletos diante de alunos que pesquisam e aprendem à velocidade de um clique; a tecnologia apresenta um novo recurso diariamente, impedindo que qualquer pessoa se sinta realmente atualizada, o que gera desconforto e ansiedade. Portanto, pessoas estão tecnologicamente conectadas, mas, em muitas ocasiões, não de maneira afetiva, pedagógica e ética.

Essa realidade ético-tecnológica nos permite adentrar nos conteúdos dos capítulos seguintes, a começar por uma introdução a um fenômeno cada vez mais recorrente, o qual teve origem nas interações negativas e no uso inadequado das redes sociais: o *cyberbullying*.

capítulo dois
O que é cyberbullying?

De acordo com o que observamos no Capítulo 1, podemos afirmar que a internet e as novas tecnologias proporcionam muitas facilidades às crianças e aos adolescentes com habilidades digitais. No entanto, a falta de conhecimento e o mau uso das tecnologias da comunicação, nas quais se incluem as redes sociais, são os maiores riscos daqueles que sofrem *cyberbullying*, quando conectados ou não na rede mundial de computadores.

> Entre os termos que têm relação com o *cyberbullying*, podemos citar várias palavras conhecidas, como *bullying* virtual, *bullying* digital, *bullying on-line* e *cyberbullying*. Nesta obra, optamos pelo emprego do já citado vocábulo **cyberbullying**.

O surgimento do fenômeno e suas características e motivações desafiam pensadores e estudiosos do mundo todo – a violência entre os indivíduos ganhou novas dimensões, difíceis de serem estabelecidas; os infratores contam com a distância e o anonimato para agredir seus alvos; a legislação (Código Penal) tipifica o *cyberbullying* como crime, mas nem sempre as ações cometidas são punidas com o peso da lei. Esse cenário fez com que Sameer Hinduja e Justin W. Patchin, dois jovens professores universitários, fundassem, em 2005, o Centro de Pesquisa de *Cyberbullying* (Cyberbullying Research Center). Esses pesquisadores apontam, numa linguagem simples, o *cyberbullying* como uma série de danos morais intencionais e repetidos, infligidos pelo uso de computadores, telefones celulares e outros dispositivos eletrônicos (Hinduja; Patchin, 2019). Além disso, os estudiosos acrescentam:

> *Basicamente, estamos nos referindo a incidentes em que adolescentes usam a tecnologia para assediar, ameaçar, humilhar ou incomodar seus colegas. Por exemplo, os jovens podem enviar textos prejudiciais a outras pessoas ou espalhar boatos usando smartphones ou tablets. Os adolescentes também criam páginas da web, vídeos e perfis nas plataformas de mídia social, tiram sarro dos outros. Com dispositivos móveis, os adolescentes tiram fotos em um quarto, banheiro ou outro local em que a privacidade é esperada e publicam ou distribuem on-line. Outros gravam vídeos não autorizados de seus pares e os enviam para o mundo inteiro para avaliar, classificar, marcar e discutir. Outros, ainda, estão adotando aplicativos anônimos ou os recursos interativos nas redes de jogos para destruir ou humilhar outras pessoas.*
> (Hinduja; Patchin, 2019, p. 2, tradução nossa)

O *cyberbullying* é uma versão eletrônica do *bullying* tradicional. Consiste na realização de ações negativas, dirigidas de maneira intencional e repetida, com desequilíbrio de poder entre os envolvidos, praticado por meio de mensagens de texto, de imagens e/ou de vídeos enviados via celular, rede social e/ou internet (Felizardo, 2010; Osorio, 2013; Avilés Martínez, 2013).

Para tratar dos diferentes tipos de *bullying*, adaptamos, com base no Programa de Prevenção de *Bullying* de Olweus (Olweus; Limber; Breivik, 2019), as cinco formas de *bullying*, descritas a seguir. Essa iniciativa considera o *cyberbullying* uma subcategoria ou um tipo específico de *bullying* tradicional. Confira a seguir as especificidades das diferentes manifestações desse tipo de agressão:

1. **Verbal**: xingar, usar apelidos, promover deboche, emitir xingamentos e realizar ameaças.
2. **Física**: bater, chutar, empurrar, beliscar e cuspir.
3. **Indireta/relacional**: promover boatos, fofocas, mentiras e exclusão social.
4. **Sexual**: proferir palavras ou realizar gestos com conotação sexual.
5. *Cyberbullying*: realizar agressões via internet e/ou telefone celular.

Os quatro tipos de atores do *cyberbullying* são:

1. **Ciberautor/agressor**: planeja as crueldades e divulga as ofensas.
2. **Ciberalvo/vítima**: sofre com as agressões promovidas pelo ciberagressor.
3. **Ciberespectador**: recebe a mensagem, mas não replica a ofensa recebida.
4. **Ciberespectador coautor**: recebe e reenvia as ofensas recebidas do ciberagressor.

Nos locais destinados a encontros virtuais para a troca de informações pessoais, fotos e mensagens, como fóruns, grupos de discussão, jogos *on-line*, locais de encontro de amigos ou de troca de ideias e conhecimentos, a cibervítima recebe mensagens ameaçadoras, conteúdos difamatórios, imagens obscenas, palavras maldosas e cruéis, insultos, ofensas, extorsão etc. Todas essas iniciativas podem alcançar inúmeras pessoas em questão de segundos.

Existem indivíduos que formam comunidades na internet para falar mal de outras pessoas. Os "amigos" criam tópicos, por exemplo, na comunidade da escola, falando mal de um colega ou humilhando-o por meio de *e-mails* ou recados nos *sites* de relacionamento, bem como em *blogs*, *websites*, *fotologs* ou vídeos no YouTube e outros diretórios de transmissões eletrônicas instantâneas, como Facebook Messenger e *chats*.

No caso de *cyberbullying*, quando um estudante posta a mensagem ou imagem, seus pares na rede social rapidamente retransmitem o conteúdo aos outros. Assim, os ciberespectadores se tornam **coagressores**.

> Para Bozza e Vinha (2017, p. 1922), quando as agressões "ocorrem entre sujeitos que não têm o mesmo poder de influência (autoridade) uns sobre os outros, como, por exemplo, entre um professor e um aluno, chamamos de cyber assédio"[1].

A psicóloga Maria Tereza Maldonado sinaliza a perseguição 24 horas por dia do *cyberbullying*:

> *O bullying se caracteriza por ações repetitivas de agressão física e/ou verbal com a clara intenção de prejudicar a vítima. O cyberbullying é ainda mais terrível, porque a perseguição é implacável, podendo chegar a 24 horas por dia nos sete dias da semana: a vítima é atacada por mensagens de celular, filmada ou fotografada secretamente em situações constrangedoras que podem ser colocadas na rede; o agressor pode criar um perfil falso da vítima em sites de relacionamento para difamá-la ou adulterar fotos em que, por exemplo, ela aparece como garota de programa, com seu celular divulgado nas listas de contato do agressor e de seus amigos.* (Maldonado, citada por Antunes, 2012, p. 26)

Para Maldonado (2009, p. 72), o "silêncio encoraja o agressor a ser ainda mais violento. Principalmente no *cyberbullying*, em que o covarde se esconde no anonimato da rede" ou cria *fakes* (perfil falso) para ameaçar as vítimas. No entanto, esse tipo de infrator não está totalmente livre para realizar suas perseguições: é possível descobrir o registro da localização do computador utilizado por meio do rastreio do IP do dispositivo.

---

1 No Capítulo 4, Seção 4.4, "A justiça em defesa dos professores vítimas de assédio moral virtual", tratamos de uma ação judicial de assédio moral virtual contra um professor em que 19 alunos estiveram envolvidos.

Ainda assim, nenhum espaço de interação humana está a salvo desse fenômeno; sequer o lar pode ser considerado um lugar de refúgio. Esse tipo de violência invasiva se ramifica, sai da escola, vai para a rua, entra no transporte coletivo e chega às casas. O perigo da natureza anônima do *cyberbullying* é a rápida difusão e o alcance mundial.

> A internet é um instrumento muito importante para o desenvolvimento da humanidade, e tal qual o avião, pode ser utilizado tanto para o bem como para o mal. As agressões por meio eletrônico (internet, mensagens via celular ou outros dispositivos eletrônicos) são uma evolução das antigas pichações em muros de colégios, casas ou até nos banheiros das escolas. (Calhau, 2018, p. 120)

Recentemente, os pesquisadores de agressão e comportamento violento Izabela Zych, David Farrington e Maria Ttofi (2019) afirmaram, com base em seus estudos, que as análises empreendidas sobre fatores de proteção contra o *bullying* e o *cyberbullying* ainda padecem de muitas lacunas. Contudo, os estudiosos constataram que a interação positiva entre pares foi o fator de proteção mais forte contra a transformação de um indivíduo em agressor ou vítima. Essas descobertas podem ser úteis para melhorar programas, políticas e práticas *antibullying* e *anticyberbullying* (Zych; Farrington; Ttofi, 2019).

Com esse rápido panorama relacionado ao fenômeno do *cyberbullying*, estamos aptos a aprofundar sua conceituação na seção a seguir.

2.1 Características do *cyberbullying*

Como vimos anteriormente, o *cyberbullying* é uma das formas do *bullying* tradicional, tendo como recurso a internet e/ou aparelhos celulares.

Confira, a seguir, as cinco diferenças que distinguem o *cyberbullying* do *bullying* tradicional (Felizardo, 2010):

1. **Anonimato**: O ciberagressor geralmente é anônimo. A cibervítima desconhece sua identidade, o que pode causar um estado profundo de tensão emocional.
2. **Acessibilidade**: A violência pode ocorrer a qualquer horário, visto que o ciberagressor tem acesso à cibervítima 24 horas por dia.
3. **Medo de punição**: A cibervítima, muitas vezes, deixa de denunciar o ciberagressor por medo de represálias. Além disso, teme que os pais não acreditem na violência sofrida, visto que o ciberagressor não é visível, ou que a privem do acesso ao computador e ao celular.
4. **Ciberespectadores**: Ser um espectador no mundo cibernético possibilita ser coautor, na medida em que se pode reencaminhar *web page*, *e-mails*, textos, imagens/fotos e vídeos pelo celular. A quantidade de ciberespectadores em uma agressão no mundo cibernético é inumerável.
5. **Desinibição**: O anonimato proporcionado pela internet pode motivar a cibervítima a ter comportamento "corajoso", algo que provavelmente não conseguiria na presença física de seu agressor.

Com relação às supostas diferenças entre *bullying* e *cyberbullying*, ainda destacamos os seguintes detalhes:

> No cyberbullying *o agressor usa algumas das ameaças e ações do* bullying, *porém, a diferença é que a [...] vítima apresenta provas virtuais. Não há ferimentos físicos ou roupas rasgadas, nem sumiço de objetos ou dinheiro. No entanto, não é difícil para os pais detectarem os sinais: o filho pode parecer nervoso, triste, amargurado, infeliz, a ponto de se isolar da própria família, depois de usar o computador ou depois de ver mensagens ou receber telefonemas pelo celular.* (Felizardo, 2010, p. 29)

Confira, no Quadro 2.1, mais algumas especificidades do *bullying* e do *cyberbullying* para compreender melhor esses tipos de violência.

Quadro 2.1 – Exemplos de diferenças entre *bullying* e *cyberbullying*

Bullying	Cyberbullying
Apresenta roupas molhadas ou rasgadas.	Não tem.
Tem seus objetos roubados.	Não tem.
Apresenta ferimentos.	Não tem.
Pode ser evitado, interrompido.	Não dá para impedir uma ação sem saber quem é o autor.
Agressor é o valentão, manipula e recebe ajuda de outros.	Agressor é solitário.
Agressor, vítima e algumas testemunhas.	Agressor, vítima e muitos espectadores.
As testemunhas fingem que não veem.	Os espectadores reagem rapidamente, viram coautores.
As testemunhas ficam com medo.	Os espectadores não têm medo.
A vítima demora a reagir. Há casos em que a vítima ficou calada durante três anos.	A vítima reage mais rápido, pois a perseguição é implacável [e] ela não suporta muito tempo.
Longe dos pais; difícil para os pais descobrirem.	Mais fácil para os pais detectarem, pelo comportamento e as reações fisionômicas.
Na sala de aula, corredores, pátio, caminho de casa e transporte escolar.	Através do celular e do computador.
Horários específicos [na escola].	Durante 24 horas.
Pede ajuda às vezes ou nunca.	Pede ajuda mais rápido ou nunca.
A vítima sabe quem é o agressor.	A vítima não sabe quem é o agressor.
É frequente	É mais frequente.
Não é veloz.	É veloz.

Fonte: Felizardo, 2010, p. 40.

Além das diferenças especificadas no Quadro 2.1, é válido destacar que as nominações dos atores no *cyberbullying*, atualmente, são: ciberagressor, cibervítima, ciberespectador e ciberespectador coautor. Como os ciberespectadores coautores (que replicam as ofensas) não têm medo de se transformar na próxima cibervítima, como acontece no *bullying*, a violência acaba sendo disseminada rapidamente, o que gera um dano de grandes proporções.

Com a visualização e a compreensão das possíveis diferenças entre *bullying* e *cyberbullying*, estamos munidos de informações suficientes para avançarmos no conteúdo; por isso, na próxima seção, abordaremos as ações dos ciberagressores.

2.1.1 Ciberagressores: algumas variações

A seguir, para complementar as informações referentes às ações efetuadas pelo ciberagressor, vamos, primeiramente, apresentar a compreensão de Lopes Neto e Saavedra (2008), que afirmam existir duas modalidades de *cyberbullying*:

> a que é utilizada para reforçar o bullying já praticado pessoalmente e aquela em que não há antecedentes. Na primeira modalidade os autores consideram o cyberbullying como uma forma de agressão mais sofisticada que se desenvolve, geralmente, quando as formas de assédio tradicionais deixam de ser atrativas e satisfatórias. Nesse caso, o agressor é facilmente identificado, já que se trata do autor de bullying presencial. Os efeitos desse tipo de cyberbullying são somados aos [de] que já padece o alvo de bullying, mais amplificam e aumentam os danos, dada a abertura mundial e a generalização das agressões nas páginas da Web.
>
> Com respeito à segunda modalidade, são agressores que não têm antecedentes conhecidos, de forma que, sem motivos aparentes, os alvos começam a receber alguma forma de hostilidade pela Internet. Em certas ocasiões, depois de um tempo enviando essas agressões, os "cyber autores" decidem completar suas obras com experiências presenciais, identificando-se aos seus alvos. (Lopes Neto; Saavedra, 2008, p. 144-145)

É importante enfatizar que a agressão relacionada ao *bullying* e ao *cyberbullying* pode ser bilateral – de acordo com Lopes Neto e Saavedra (2008), a vítima de *bullying* tradicional, encorajada pelo anonimato, pode tentar revidar pela redes a violência sofrida, de modo a se tornar ciberagressor:

> Em muitos casos, o cyberbullying pode ser praticado por estudantes alvos do bullying tradicional. Por não precisarem se confrontar com seus alvos diretamente, eles podem se sentir mais seguros, podem ansiar se tornarem pessoas diferentes e podem sentir-se encorajados e desinibidos, tornando suas mensagens mais danosas do que se fizessem pessoalmente. (Lopes Neto; Saavedra, 2008, p. 146)

Esclarecida a abordagem de Lopes Neto e Saavedra (2008), passamos ao pensamento do psicólogo Fernando Osorio, de Buenos Aires (Argentina), que tem destacada trajetória no tema *bullying*. O estudioso aponta quem é o ciberagressor, apesar de anônimo:

> As investigações mais avançadas em matéria de assédio e maltrato através das redes sociais permitiram determinar que, de modo geral, o cyberbullying se desenvolve anonimamente, mas sempre procedente de uma personagem próxima à vítima. Esta personagem anônima habitualmente pertence ao meio escolar ou vizinhança da vítima, mas esta última não o sabe. Trata-se de perfis de identidades roubadas ou inventadas. (Osorio, 2013, p. 77, tradução nossa)

Quando apontamos ações de *cyberbullying*, estamos falando da **violência virtual** que ocorre entre estudantes. Osorio (2013) confirma que o ciberagressor conhece pessoalmente sua vítima, estuda com ela na mesma classe ou escola ou faz parte de seu convívio, ao passo que a cibervítima não sabe quem é o ciberagressor. Com base nas informações que apresentamos até aqui, é importante passarmos à materialização dos atos de *cyberbullying*. Em outras palavras, indicaremos as tipificações do *cyberbullying* consubstanciadas em ofensas digitais específicas.

2.2 *Cyberbullying* tipificado em nove ofensas digitais

É pertinente enfatizar que este capítulo foi elaborado com base em dados constantes no documento intitulado *Família mais segura na internet: ética* e *segurança digital – cartilha orientativa* (Pinheiro, 2015). A autora desta obra, em seu livro *Cyberbullying: difamação na velocidade da luz*, extraiu, adaptou e incluiu informações dessa cartilha nos seguintes tópicos:

> O cyberbullying *pode assumir algumas formas. No entanto, apontamos nove tipos, sendo a calúnia, a difamação e a injúria, as três ofensas digitais mais comuns, tipificadas como crimes contra a honra:*
> 1. *Injúria: enviar um e-mail para uma pessoa dizendo que ela é "imbecil, asquerosa, nojenta".*
> 2. *Difamação: enviar [um e-mail ou mensagem] para várias pessoas dizendo que "Fulano é burro porque foi mal na prova!".*
> 3. *Ofensa: enviar mensagens eletrônicas repetidamente com linguagem vulgar.*
> 4. *Falsa identidade: fazer-se passar por outra pessoa para obter vantagem ou para causar danos a outro.*
> 5. *Calúnia: publicar uma mensagem na comunidade virtual da escola dizendo "Fulano roubou minha carteira!".*
> 6. *Ameaça: enviar repetidamente mensagens que incluem ameaças de danos físicos, fazendo a vítima temer por sua segurança.*
> 7. *Racismo: preconceito ou discriminação em relação a indivíduos considerados de outra raça.*
> 8. *Constrangimento ilegal: perseguição; pudor que sente quem foi desrespeitado ou exposto a algo indesejável.*
> 9. *Incitação ao suicídio: instigar, impelir, suscitar alguém a dar a morte a si mesmo.*
> (Felizardo, 2010, p. 41-42)

Convém ressaltar que essas nove tipificações estão previstas nas leis brasileiras, como demonstraremos em mais detalhes no Capítulo 4 – Seção 4.2, "Legislação: proibição do *cyberbullying* pelo ordenamento jurídico". Com base em toda essa variação de ofensas que podem ser realizadas na internet, independentemente do meio usado, cabe perguntar: toda e qualquer ofensa pode ser considerada *cyberbullying*? É o que veremos a seguir.

2.3 Quando a agressão virtual não é *cyberbullying*

Além das tipificações vistas anteriormente, apontamos aqui nove práticas negativas ou agressões virtuais, presentes no cotidiano cibernético de crianças, adolescentes e adultos, **não** relacionadas ao *cyberbullying*. Geralmente, há a utilização de termos em inglês para a nominação das agressões e dos crimes virtuais:

1. **Exclusão**: bloquear ou deletar alguém de um grupo *on-line*.
2. **Direito autoral**: copiar texto para trabalho escolar; baixar vídeo, foto ou música sem mencionar a referência ou autorização por escrito do autor.
3. **Divulgação de segredo**: divulgar senha como prova de amor e amizade, por exemplo.
4. *Pishing scam* **("pescaria")**: furtar senha e número de cartão de crédito por intermédio de *e-mail* com *link*, passando-se por uma empresa.
5. *Nude selfies*: filmar ou fotografar o próprio corpo nu e enviar para uma rede social.
6. *Sexting*: produzir ou encaminhar vídeo ou foto de caráter sexual.
7. **Pedofilia**: atrair criança para diversas modalidades de teor sexual por meio virtual.
8. *Grooming* **(aliciamento)**: assediar sexualmente via *on-line*; prática realizada por adultos direcionada a crianças.
9. *Happy slapping* **(tapa feliz)**: gravar tapa ou agressão e divulgar o vídeo pelo celular e pela internet.

Há ainda outras práticas que não mencionamos aqui. De tempos em tempos, novas maldades são criadas. São os casos dos jogos com desafios, que alcançam inúmeros adolescentes pelo contágio social. Esse alcance só é possível em virtude dos aparelhos celulares integrados à internet e às redes sociais.

> Lembramos que o aparelho celular, a internet e as redes sociais não fazem *cyberbullying*. As máquinas precisam de **pessoas** para dar os bons ou os maus comandos para o ciberespaço.

Tendo esse repertório de atos agressivos e abjetos dos quais tantas pessoas são vítimas na atualidade, é fundamental a educação virtual para o uso seguro das tecnologias no ciberespaço. Entre os passos necessários a essa instrução de natureza ética, é importantíssimo que seus agentes se esforcem para evidenciar as consequências desses atos horrendos (muitas vezes definitivas, tendo em vista os casos de suicídio correlatos). Vejamos a seguir um apanhado dessas repercussões.

2.4 Consequências do *cyberbullying*

As consequências do *cyberbullying* são, geralmente, apresentadas numa lista de sinais físicos e psicológicos. Nesta seção, agregamos a teoria em histórias verídicas, nos campos da legislação, do Poder Judiciário e da psicologia clínica.

2.4.1 Caso de automutilação e tentativa de suicídio

A Lei n. 13.819, de 26 de abril de 2019, instituiu uma política de prevenção à automutilação e à tentativa de suicídio. Quando atos dessas naturezas são constatados nas escolas, é necessário apresentar notificação ao Conselho Tutelar (Brasil, 2019).

Vejamos o que diz o texto da citada lei.

> Art. 6º Os casos suspeitos ou confirmados de violência autoprovocada são de notificação compulsória pelos:
>
> [...]
>
> II – estabelecimentos de ensino públicos e privados ao conselho tutelar.
>
> § 1º Para os efeitos desta Lei, entende-se por violência autoprovocada:
>
> I – o suicídio consumado;

II – a tentativa de suicídio;

III – o ato de automutilação, com ou sem ideação suicida.

§ 2º Nos casos que envolverem criança ou adolescente, o conselho tutelar deverá receber a notificação de que trata o inciso I do caput deste artigo, nos termos de regulamento.

[...]

§ 5º Os estabelecimentos de ensino públicos e privados de que trata o inciso II do caput deste artigo deverão informar e treinar os profissionais que trabalham em seu recinto quanto aos procedimentos de notificação estabelecidos nesta Lei.

Termo citado na lei apresentada, a *notificação compulsória* se dá quando a lei exige que determinado evento seja comunicado às autoridades para elaborar estatísticas com os dados, que permitirão conhecer os números reais e as características de vítimas com várias possibilidades de implementar programas de conscientização e de interferência social. Ressaltamos que essa lei é uma norma destinada a crianças e adolescentes para que saiam desse ciclo de violência autoimprecada com a devida ajuda de profissionais das áreas de educação e saúde. A lei completa está disponível no Anexo, ao final desta obra.

A lei citada foi concebida em um cenário social em que as vítimas mais frequentes de *bullying* e/ou *cyberbullying* ou de abuso sexual intrafamiliar são adolescentes do sexo feminino. Uma pesquisa realizada pela Câmara Municipal de São Paulo em 2017 demonstrou que, de um universo de 1.825 casos de *cyberbullying* enumerados pela pesquisa, 65% deles eram direcionados a mulheres (São Paulo, 2017).

Mergulhadas no sofrimento da perseguição na rede social e da incompreensão e falta de apoio dentro de casa, na solidão da depressão, buscam alívio nas redes sociais, em grupos suicidas que as "amparam", dando "atenção", induzindo-as a participar de campeonatos virtuais de quem vai suportar a dor por mais tempo, com a efetuação de cortes nos braços ou a colocação de pedras de gelo sobre os ferimentos, por exemplo[2]. Esse é um preço muito alto da falta de amparo a ser oferecido a pessoas

---

2 O conteúdo exposto sobre essas redes sociais indutoras de automutilação e suicídio tem base no relato verídico de uma jovem, à época com 13 anos de idade, cuja situação acompanhamos há cinco anos.

que passam por esses problemas. A seguir, apresentamos um exemplo do que ocorre quando a sociedade não se esforça o suficiente para ouvir pedidos desesperados de socorro.

2.4.1.1 Caso Megan Meier, a garota que se suicidou por enforcamento

Lamentavelmente, a história dessa adolescente de 13 anos de idade ficou famosa por conta de sua massiva divulgação nas redes sociais. A jovem foi vítima de um perfil falso, em que um suposto "namorado virtual", Josh, afirmava que o mundo seria melhor sem ela. O perfil para o *cyberbullying* foi criado pela vizinha e pela filha dela, em uma vingança motivada por um desentendimento ocorrido na escola através da rede social Myspace. O caso aconteceu no estado do Missouri, nos Estados Unidos.

Analisando a repercussão do evento, o advogado Thiago de Lima Ribeiro escreveu a obra *O direito aplicado ao cyberbullying: honra e imagem nas redes sociais* (Ribeiro, 2013), uma publicação acadêmico-científica que aborda o direito digital e as relações jurídicas nas redes sociais. Em seu texto, o especialista resgata a tragédia transcrevendo e traduzindo para o português o projeto da Lei de Prevenção ao Cyberbullying Megan Meier, proposto pelo estado da Califórnia (Estados Unidos). A lei não foi aprovada pelos especialistas de *cyberbullying* – que entendiam à época que se tratava de questões abordadas localmente por escolas, e não pelo governo federal (Willard, 2009) –, apesar de suas boas justificativas, entre as quais podemos citar:

1. *Jovens que criam conteúdo na internet e usam sites de redes sociais estão mais suscetíveis a serem alvo de* cyberbullying.
2. *Comunicações eletrônicas proporcionam anonimato ao remetente e a possibilidade de divulgação pública generalizada, suscetivelmente fazendo-as mais severas, perigosas e cruéis aos jovens.*
3. *As vitimizações on-line são associadas ao estresse emocional e a outros problemas psicológicos, incluindo a depressão.*

4. O cyberbullying *pode causar danos psicológicos, inclusive **depressão**; impacta negativamente no desempenho escolar, segurança e bem-estar das crianças na escola, força-as a mudar de escola e, em alguns casos, guia-as a comportamentos violentos extremos, como **assassínio** e **suicídio**.* (Ribeiro, 2013, p. 300-301, grifo nosso)

O *cyberbullying* se desenvolve em uma trajetória rápida de intimidação, isolamento, depressão, automutilação e tentativa – ou efetivação – do suicídio em suas vítimas. Não temos, no Brasil, dados estatísticos oficiais da relação suicídio–*cyberbullying* devido a subnotificação, tabu, cultura, barreira ou desconhecimento por não se falar abertamente sobre o suicídio. No entanto, não podemos ignorar que, em estudo realizado em 2017, de acordo com o Sistema de Informações de Mortalidade (SIM), a taxa de suicídio entre jovens de 15 a 29 anos vem ganhando, no mundo, uma proporção cada vez mais alarmante. No Brasil, o suicídio atinge 2,3 indivíduos do sexo masculino e 1,7 indivíduos do sexo feminino por 100/mil habitantes entre 5 e 19 anos de idade, faixa etária em que as agressões virtuais se tornam cada vez mais presentes na socialização pelas redes sociais (Brasil, 2017).

Esperamos que a Lei n. 13.819/2019, recentemente aprovada, oriente a sociedade para os casos de ideação suicida, automutilação e tentativa de suicídio, e que seja eficaz no combate ao *cyberbullying* no Brasil.

2.4.2 Caso clínico: o lado do agressor de *bullying* e *cyberbullying*

Este relato de atendimento psicológico a um adolescente com 13 anos de idade revela a profunda tristeza de um menino rejeitado pelo pai e, consequentemente, pela mãe, que o culpava pela separação do casal. O caso demonstra que um aluno, quando se torna o "aluno problema", insuportável e agressivo, altera de forma muito rápida seus comportamento e caráter, transformando-se numa pessoa irreconhecível.

Além de planejar as maldades que iria fazer com seus colegas de sala de aula – neste caso, o *bullying* –, o adolescente avançou mais ainda com suas crueldades, com a prática do *cyberbullying*. É necessário um olhar atento do professor para perceber que esse aluno que muda inesperadamente é uma vítima em sofrimento.

Esclarecemos que a palavra *bully*, encontrada no decorrer do relato, não é mais utilizada por consenso no nosso meio de pesquisadores brasileiros, bem como o Orkut e o MSN são redes sociais que não estão mais ativas. Ainda assim, trata-se de um relato completo para conhecermos o sentimento de um autor/agressor de *bullying* e *cyberbullying*, ou seja, o outro lado das revelações das emoções e das necessidades de uma pessoa em desenvolvimento e em grande sofrimento psicológico.

Relato da Dr.ª Marília G. Graf, psicóloga clínica

Sempre me perguntam como me interessei por este assunto. Poderia responder que era chamada de "seriema" quando criança (tinha as pernas muito compridas), ou então de "quatro olhos", no começo da adolescência (depois comecei a usar lente de contato e, hoje, voltei aos velhos e bons óculos); porém, na verdade, interessei-me – e muito – quando chegou ao consultório uma criança, encaminhada pela escola, que aqui chamarei de "Junior", de 13 anos, vítima e algoz do *bullying*.

Aqui é importante ressaltar o papel da escola neste processo. A escola não apenas ensina conteúdos pragmáticos, mas também atua como instrumento de socialização da criança. Esta escola em particular tem uma atuação extraordinária junto com a criança, a família e a psicóloga.

A primeira entrevista foi com a mãe. Ela explicou que o filho seria expulso da escola, que não sabia o que acontecia com o garoto, que era agressivo, manipulador e antissocial.

Junior chegou ao consultório de maneira agressiva, fingindo ser adulto e sinalizando que precisava de ajuda. "Se for para brincar, minha mãe contrata uma babá. Eu quero conversar", disse-me ele. "Eu não gosto de perder tempo nem que me tratem como bebê. Minha outra psicóloga só ficava brincando e fazendo massinha. Se for isso, eu vou embora agora", continuou.

O que é *cyberbullying*?

E terminou com chave de ouro: "Você tem dois meses para resolver meu problema, senão vou ser expulso da escola, porque sou um adolescente problema".

Respondi-lhe dizendo que eu era só uma psicóloga, e não a fada Sininho, que usava o "pó de pirlimpimpim" e resolvia tudo. Quem ia resolver tudo era ele, então que não jogasse essa responsabilidade unicamente para mim. Eu tentaria ajudá-lo e prometi que pegaria sua mão e caminharíamos juntos (sem brinquedo, naturalmente!).

Aproveitei para informar outra coisa importante: "Eu não acredito em adolescência". Achei que nesse momento ele ia se levantar e ir embora. "Para mim, adolescência é uma excelente desculpa que a pessoa usa para não se responsabilizar pelo que faz. Você é adolescente e eu, adulta. Você tem crises de humor? Eu também tenho. Você tem dúvidas? Eu também. Você tem vontade de jogar tudo para o alto? Eu também, e muitas vezes". Bendita dissertação de mestrado sobre a adolescência ser uma criação social e uma desculpa cômoda para o próprio e para os pais!

Expliquei para ele que eu via a adolescência como uma fase da vida, assim como várias outras, e que ficou combinado dentro da nossa sociedade a vermos essa fase como difícil, complicada, em que "tudo pode" porque "uma hora ela passa". Todavia, eu não a via assim. Portanto, para mim ele era, antes de qualquer rótulo, um ser humano que buscava ajuda.

Ponto para a psicologia social! Percebi que ele tinha me aceitado ao perguntar quando voltaria e ao dizer que tinha gostado muito do consultório (que foge do padrão sério dos consultórios de psicologia).

Fiquei aguardando a segunda sessão dessa criança, que queria crescer o mais rápido possível. Parecia-me que queria fugir. Mas do quê? Dela mesma? Do ambiente familiar? Só ela poderia me responder.

No dia marcado, ele contou o que fazia frequentemente – digamos diariamente – na escola com seus companheiros de classe: os apelidos jocosos, as agressões corporais com muito tapa, "pedala Robinho" e empurrões, a quebra de materiais só para ver outros chorarem, a vontade de agredir, transgredir, magoar, a necessidade de atrapalhar as aulas. Descrevia esses atos com riqueza de detalhes, rindo muito e "se achando", como eles dizem. Contou que já ia para a escola pensando no que ia fazer, a quem ia incomodar. Enquanto fazia seu relato, fui pensando no motivo desse comportamento. O que é que ele escondia?

Era uma característica clara de *bullying*. O verbo BULLY significa ameaçar, intimidar, e a prática do *bullying* consiste em atos de violência física ou psicológica, intencionais e repetidos, praticados por um indivíduo (*bully* ou "valentão") ou grupo de indivíduos com o objetivo de intimidar ou agredir outro indivíduo incapaz de se defender.

Na sessão seguinte, mais coisas foram relatadas: os trotes pelo telefone, o uso do nome do garoto mais popular da classe em um *site* de relacionamento homossexual, as agressões verbais por Orkut (falso, é claro), MSN e Facebook.

Minha cabeça funcionava a mil! Não sou psicanalista, mas tive de recorrer à interpretação para responder a ele: "Será que você, além de me contar o que faz, está querendo saber se eu vou desistir de você?".

Ponto para Freud! Ele me olhou espantado, deu um sorriso maroto e perguntou: "Você vai?". "Você quer que eu desista?", respondi. "Não", foi a resposta simples, acompanhada de um sorriso. E continuou relatando o que fazia pessoalmente e pela internet. E enquanto ele falava, eu pensava: "E agora? Proponho jogos, desenhos... o quê? Onde está meu supervisor neste momento?".

Resolvi trabalhar com percepção. Ponto para a Gestalt! Perguntei como ele percebia a si mesmo quando fazia isso. "Como uma pessoa de quem eu não gosto", respondeu Junior.

O que é *cyberbullying*?

"Como você acha que os outros o percebem?", perguntei. "Como alguém para ser detestado", disse.

"O que acontece quando você chega da escola?", perguntei. "Brigo com minha mãe.", ele disse. "Quais são os motivos que o levam a brigar com sua mãe?". Não, não foi assim, tão perfeito, que eu perguntei e como ensinam na faculdade. Na verdade foi assim: "Por que vocês brigam?". "Por tudo. Ela grita tanto, me chama de tudo que é nome, de vagabundo, de sem-vergonha, de marginal, só porque não pendurei a toalha no banheiro. Diz que sou inútil, igual a meu pai, que não presta para nada e não tem caráter. Vou dormir com dor de cabeça e tenho pesadelos. Acordo sempre nervoso", ele relatou.

Pausa para informações. Junior é filho único de pais separados. Ambos os pais cursaram a universidade e são profissionais liberais.

O pai é violento e pouco vê o filho. Quando o vê, agride-o verbal e fisicamente. Usa o filho para agredir a mãe e diz claramente que ele é quem estragou o casamento. O comportamento do pai fez com que Junior pedisse à mãe para entrar na justiça impedindo as visitas, mesmo que ocasionais.

A mãe, de condição social e econômica superior ao ex-marido, também é filha de pais separados que não se falam e se agridem constantemente. Casou-se com o pai de Junior para agredir a família. Separou-se por causa das constantes brigas, traições e agressões físicas. Trata Junior como um adolescente problemático, apesar de amá-lo, e que deve ser contido e exageradamente regrado para não se transformar em um marginal.

Ele relatou que acordava nervoso, com uma pressão no peito e com dor de cabeça e que só se aliviava quando agredia alguém na escola. Percebi que seu comportamento era resultado de um relacionamento com um desequilíbrio de poder entre ele, a mãe e o pai. A mãe o agredia repetidamente, por ser a recordação viva de seu casamento fracassado, de sua vida frustrada; o pai, nas raras vezes em que o via, tratava-o com indiferença permeada de violência. E o filho?

Ele reproduzia a dinâmica familiar, agredindo o mais fraco, aquele que lhe permitia ter poder, ser o mais forte. Vingava-se nos colegas de escola da falta de afeto materno e paterno.

Sabemos que o ser humano reproduz os modelos educativos introjetados na primeira infância, que, no caso de Junior, tiveram predomínio de perfeccionismo (ele não podia, sob pena de ficar de castigo, tirar notas menores que 8), de ambivalência (ora a mãe o enchia de beijos, ora de apelidos jocosos; ora brigava por causa de seu comportamento agressivo, ora ria do que ele fazia com os amigos na internet) e de autoritarismo (ele não podia reagir a nada).

E agora, o que fazer para ajudar Junior? Várias atitudes foram tomadas:

» Marcar uma reunião na escola com a coordenadora e a mãe para ajudá-lo até o final do ano letivo, ficando acordado que, depois, ele mudaria de colégio, já que as crianças e os pais não o aceitavam. Chegamos à conclusão de que ele deveria começar em outra escola escrevendo uma nova história da sua vida.
» Conduzir a mãe para terapia individual.
» Manter a terapia para Junior.
» Realizar sessões familiares com a mãe e com Junior (já que o pai se negou sistematicamente a participar).

E o final da história? Bem, este final está sendo reescrito neste momento e ficará para um próximo livro.

Só posso dizer que a criança, o adolescente ou adulto **agressor** de *bullying* é, antes de tudo, uma **vítima**.

E é assim que creio que ele deva ser tratado: com respeito por ser vítima, mas não fazer deste sofrimento a desculpa para ser **agressor**, pois ele é sempre o autor de sua própria história. Como ouvi em um filme: as marcas de nossa vida devem lembrar o que vivemos no passado, mas de maneira alguma devem direcionar todo o nosso futuro.

O que é *cyberbullying*?

É mirando o futuro que os educadores têm de envidar esforços para criar um ambiente escolar cada vez mais empático, solidário, harmonioso, enfim, rico apenas em experiências que agreguem o que há de melhor da humanidade para os alunos. Contudo, essa luta não pode ser empreendida sem recursos. Não há como enfrentar um fenômeno tão cruel quanto o *cyberbullying* sem estratégias e ferramentas que fortaleçam o educador nessa tarefa árdua. E é sobre uma ferramenta em particular que falaremos nos capítulos a seguir.

capítulo três
Práticas Restaurativas e o advento do Círculo de Diálogo Respeitoso

Desde o ano de 2008, a autora desta obra estuda, escreve livros, promove palestras e capacita professores, no Brasil e na Argentina, sobre *bullying* e *cyberbullying*, fenômenos mundiais e comportamentais entre estudantes nas escolas em todo o mundo. Esse ano foi o marco de um caminho de estudos aprofundados que viriam a culminar na criação das Práticas Restaurativas e, um pouco mais tarde, no Círculo de Diálogo Respeitoso (CDR).

3.1 As experiências dos educadores do Maranhão com as Práticas Restaurativas

No ano de 2014, em parceria com a Secretaria Municipal de Educação de Paço do Lumiar (Maranhão), a autora desta obra ministrou o curso

"Bullying não, Práticas Restaurativas sim". O evento foi realizado para promover uma exposição teórica e uma oficina prática da ferramenta denominada *Práticas Restaurativas*. O curso teve duração de 8 horas, com a presença de 21 professores das cidades de São Luís, Paço do Lumiar, São José de Ribamar e Raposa. O objetivo foi sensibilizar e capacitar os professores para diagnosticar e prevenir ações do *bullying* escolar entre alunos em salas de aula, reforçando o Projeto Cultura de Paz, da Secretaria de Educação local, com apoio da Plan International Brasil – Maranhão.

Ao final dessa capacitação, foi aplicada uma avaliação para os professores com a seguinte pergunta: "Em sua opinião, as abordagens restaurativas são eficazes para a prevenção, a intervenção e a resolução do *bullying* escolar?" A seguir, apresentamos as respostas dadas por 10 participantes.

1. Sim. É necessário acontecer outras formações para melhor capacitar. Porém, as abordagens promoverão melhorias nos momentos interpessoais.
2. Sim, pois dentro da escola facilitaria mais a convivência.
3. Sim. Essa proposta tem muito a contribuir na resolução dos problemas de violência e *bullying* que permeiam a escola, trazendo novos meios e novas formas de resolver essas questões.
4. Sim, pois as práticas ajudam a transformar os atos de violência em atitudes educativas por meio do perdão entre as partes.
5. Sim. O processo de escuta e diálogo apenas fortalece as relações e cria oportunidades para compreender melhor os fatos e a empatia entre os envolvidos.
6. Sim. O tema abordado foi, com certeza, de grande importância para o meu conhecimento. Como pessoa educadora, acredito que nossas escolas precisam e devem estar preparadas para trabalhar as práticas restauradoras, pois, dessa forma, terão grandes resultados com nossos alunos. Portanto, devemos mesmo pôr isso em prática. Essas atividades

deveriam acontecer com mais frequência, pois nos ajudam muito a lidar com situações bem parecidas às que vivemos em sala de aula.
7. Sim. Essa atividade deve ser aplicada aos demais educadores da rede.
8. Sim. De certa forma, com uma contribuição para a prevenção quando buscamos um bom relacionamento entre a escola, a comunidade e a família, sempre contribuindo para o bem da escola. O encontro foi maravilhoso e bastante proveitoso.
9. Sim. Com certeza mudaria muita coisa no ambiente escolar.
10. Sim. É um momento que propicia ao agressor ouvir como o outro se sente; a vítima pode dizer como a situação a afeta. Foi maravilhoso.

As respostas dos professores se concentraram, entre outros tópicos, nas questões de *bullying*: superação da violência, mudança no ambiente escolar, novos meios de resolução de problemas, relacionamento interpessoal, comunitário e familiar e ampliação da capacitação para a rede. As respostas do professor 5 – "O processo de escuta e diálogo apenas fortalece as relações e criam oportunidades para compreender melhor os fatos e a empatia entre os envolvidos" – e do professor 10 – "É um momento que propicia ao agressor ouvir como o outro se sente; a vítima pode dizer como a situação a afeta. Foi maravilhoso" – resumem os objetivos das Práticas Restaurativas.

Ao final dessa capacitação, uma professora relatou: "Ah, se eu soubesse disso antes, minha 'aluninha' não teria sofrido exclusão pelos coleguinhas". O pai dessa menina, então com 8 anos de idade, foi um dos detentos falecidos na rebelião do Complexo Penitenciário de Pedrinhas, no Maranhão. Em virtude do enterro do pai, a menina precisou faltar na aula, e os colegas de sala ficaram sabendo do ocorrido. Após isso, ela se tornou vítima cruel de *bullying*, sendo perseguida com o tipo mais comum de intimidação que existe: o apelido – passaram a chamá-la de "filha de bandido".

Outro fato marcante ocorreu após uma capacitação sobre *bullying*. Uma professora, que, até então, desconhecia as consequências psicológicas que essa agressão acarreta à vítima, compartilhou a situação de um de seus alunos, pois não sabia como resolvê-la.

O citado aluno, um menino de 8 anos de idade, estava riscando os pulsos com lâmina de apontador, devido às perseguições sistemáticas de seus colegas de classe, durante meses, pelo fato de sua mãe ser deficiente na fala e na audição. Ele era chamado de "filho da muda", o que causava profundo sofrimento psicológico na criança, em virtude das ofensas dirigidas à sua mãe.

> Esse tipo de *bullying* não é comentado em livros. Portanto, temos muita teoria e pouca ação na criação e na execução de projetos eficazes no combate à intimidação sistemática física ou virtual.

Sendo uma criança, o menino não sabia como se defender. A tentativa de tirar a própria vida poderia ser uma fuga, a válvula de escape para aliviar esse sofrimento. Nesse caso, é fundamental enfatizar que crianças em desenvolvimento físico, psíquico, moral e cognitivo não são capazes de se defender e devem procurar ajuda de um adulto. No caso citado, o educador deve estar atento aos sinais que indiquem a angústia da criança perseguida, de modo que ela possa ser assistida antes de ter pensamentos autodestrutivos.

Nestes longos anos de pesquisas, esses foram os "piores casos de *bullying*" de que a autora desta obra teve conhecimento. No entanto, eles mostraram a importância das Práticas Restaurativas e seu potencial para evitar o sofrimento de crianças e adolescentes. A fala das professoras marcou e incentivou esta autora, bem como mostrou que ela estava no caminho certo para criar uma ferramenta de intervenção rápida de *bullying* em sala de aula a ser utilizada por todos os educadores.

Foram obtidos retornos positivos, como demonstramos nas respostas da avaliação destacadas neste capítulo. Assim, aquilo que, antes, era chamado de *Práticas Restaurativas* passou a ser denominado *Círculo de Diálogo Respeitoso*.

3.2 Círculo de Diálogo Respeitoso: a ferramenta pedagógica

Fundamentada em várias formações de cursos livres e de pós-graduação, em experiências colhidas em cursos, palestras e pesquisas, bem como no estudo de autores e pesquisadores como Cappellari (2012), Costello, Watchell e Watchell (2011), Fischer, Ury e Patton (2005), Moore (2008), Olweus (2004), Pranis (2010), Rosenberg (2006), Ury (2012) e Zehr (2012), a autora desta obra elaborou, em 2019, a ferramenta pedagógica denominada **Círculo de Diálogo Respeitoso (CDR)**[1]. Trata-se de uma simples e incrível ferramenta pedagógica para prevenção do *bullying*, do *cyberbullying* e dos demais conflitos em sala de aula. Para tratar de sua aplicação nos diferentes ambientes de aprendizagem, apresentamos o Programa Círculo de Diálogo Respeitoso, desenvolvido pela autora desta obra desde o ano de 2014. Inicialmente projetado para alunos do ensino infantil e fundamental, o objetivo do CDR é reduzir o *bullying*, o *cyberbullying* e os demais embates que ocorrem em sala de aula, de modo a consolidar excelentes relacionamentos interpessoais entre professores e alunos na sala de aula. Ao reforçar os vínculos afetivos, esse instrumento eficaz permite aos próprios alunos realizar a prevenção.

Para nortear a utilização do CDR por parte do professor em sala de aula, enumeramos 12 elementos sequenciais, sucedidos por depoimentos de educadores no próximo capítulo.

Os 12 elementos do círculo de diálogo respeitoso
1. **Círculo:** sala de aula – dispor as cadeiras em círculo.
2. **Explicar:** o que é o CDR? Vamos conversar usando esta girafa.

---

[1] Parte desse embasamento teórico-científico está disponível na obra *Bullying escolar: prevenção, intervenção e resolução com princípios da justiça restaurativa* (Felizardo, 2017), nas seguintes seções:
- » Círculos de diálogo na sala de aula – afetividade entre professor e aluno (Seção 3.9, p. 126-127).
- » Objeto da palavra (Seção 3.5, p. 120-121).
- » Comunicação não violenta (Seção 4.3, p. 139-142).
- » Quatro árvores da vida emocional (Seção 4.4, p. 142-147).
- » Círculos do dia a dia na escola – cinco práticas analisadas pelos princípios restaurativos (Seção 4.7, p. 154-162).

3. **Duração**: durante 10 a 15 minutos, duas vezes por semana.
4. **Objeto da palavra**: girafa de pelúcia – analogia com o grande coração desse animal, que simboliza o amor e o respeito. Nesse momento, é importante dar a vez e a voz a cada aluno.
5. **Perguntas-chave**: gerar o diálogo. Intervir sempre com perguntas.
6. **Observação**: perceber uma fala ou uma ação inadequada do aluno, sem criticar nem fazer julgamentos.
7. **Sentimentos**: ouvir os alunos responderem às perguntas-chave e perceber mágoa, alegria, irritação etc. ao contar suas histórias de vida.
8. **Necessidades**: perceber, na fala dos alunos, desejos, valores e situações de risco.
9. **Pedido**: formular pedidos explicando os motivos para atender às necessidades do outro e enriquecer o relacionamento.
10. **Escuta ativa**: interessar-se pela fala do outro.
11. **Empatia**: colocar-se no lugar do outro.
12. *Rapport*: estabelecer uma relação de confiança entre o professor e o aluno.

Esses 12 elementos sequenciais sustentam a prática dos CDRs nas escolas. Feito o mapeamento do espaço físico, deve-se explicar que o CDR é um procedimento para ouvir os alunos, apresentar o que é a girafa, explicar que o objeto da palavra é um recurso que ajuda a organizar o momento de falar e o momento de ouvir um a um. Então, a girafa é passada de mão em mão, para que todos tenham oportunidade de falar, um de cada vez, na ordem em que estão sentados. Só pode falar quem tem o objeto da palavra na mão.

Em seguida, deve-se fazer as seguintes perguntas-chave:

» Vamos dar um nome à girafa?
» Como foi o seu fim de semana?

Os educadores devem ouvir com atenção as respostas dos alunos aos componentes de sentimentos e necessidades da comunicação não violenta. É importante demonstrar interesse pelas respostas e pelas histórias pessoais de cada aluno e permitir que os outros escutem seu colega com compreensão para chegar à escuta ativa, ao ponto de se colocarem no lugar do outro, gerando a **empatia**.

É necessário fazer mais perguntas criativas pessoais e planejar aulas que associem os conteúdos dos componentes curriculares ao CDR. O surgimento de situações de *bullying* e outros conflitos ou o pedido de um aluno pelo CDR são situações que exigem intervenção imediata. Por isso, é sempre bom o educador carregar a "girafa" consigo, pois, dessa maneira, uma relação de confiança vai se efetivando entre professor e aluno; assim, é estabelecido o *rapport* dos teóricos da mediação e da negociação.

> Na prática do CDR, o professor, aqui denominado *facilitador*, deve estar sempre alerta para algum aluno que apresente possível situação de risco de vida. Em casos como esse, o educador deve encaminhar o estudante à equipe pedagógica, à gestão ou à direção escolar. É importante que o facilitador tenha conhecimento do encaminhamento desse aluno para viabilizar o trabalho com ele sob os aspectos da formação acadêmica e da criação de um clima favorável à aprendizagem.

O CDR está em consonância com os ditames da Lei n. 13.185, de 6 de novembro de 2015, que instituiu o Programa de Combate à Intimidação Sistemática (*bullying*):

> Art. 4º Constituem objetivos do Programa referido no caput do art. 1º:
> I – prevenir e combater a prática da intimidação sistemática (bullying) em toda a sociedade;
> II – capacitar docentes e equipes pedagógicas para a implementação das ações de discussão, prevenção, orientação e solução do problema;
> [...]

> VIII – evitar, tanto quanto possível, a punição dos agressores, privilegiando mecanismos e instrumentos alternativos que promovam a efetiva responsabilização e a mudança de comportamento hostil;
>
> IX – promover medidas de conscientização, prevenção e combate a todos os tipos de violência, com ênfase nas práticas recorrentes de intimidação sistemática (bullying), ou constrangimento físico e psicológico, cometidas por alunos, professores e outros profissionais integrantes de escola e de comunidade escolar.
>
> Art. 5º É dever do estabelecimento de ensino, dos clubes e das agremiações recreativas assegurar medidas de conscientização, prevenção, diagnose e combate à violência e à intimidação sistemática (bullying). (Brasil, 2015)

O mesmo ocorre com as especificações da Lei n. 13.663, de 14 de maio de 2018, que especifica a necessidade de incluir a promoção de medidas de conscientização, de prevenção e de combate a todos os tipos de violência e a promoção da cultura de paz (Brasil, 2018). Isso determinou a inclusão, no art. 12 da Lei n. 9.394, de 20 de dezembro de 1996 – a qual estabeleceu as Diretrizes e Bases da Educação Nacional (Brasil, 1996) –, de uma menção para o combate ao *bullying*, ao *cyberbullying* e outras violências. Isso obriga sua inserção no projeto político-pedagógico (PPP), especificamente para a promoção da cultura de paz nas escolas.

Vejamos as inclusões[2]:

> IX – promover medidas de conscientização, de prevenção e de combate a todos os tipos de violência, especialmente a intimidação sistemática (bullying), no âmbito das escolas;
>
> X – estabelecer ações destinadas a promover a cultura de paz nas escolas. (Brasil, 2018)

Apresentamos, nas próximas seções, depoimentos de professores que aplicaram a ferramenta pedagógica do CDR com seus alunos em sala de aula e elencaram as mudanças ocorridas no contexto escolar, confirmadas por coordenadores e diretores das suas respectivas instituições de ensino.

---

2   Os textos integrais dessas leis estão disponíveis no Anexo desta obra.

3.2.1 Círculo de Diálogo Respeitoso na prática

Para exemplificar a prática do CDR em sala de aula, registramos dois depoimentos. Vamos iniciar com o da práxis da professora Jane Moreira[3], no qual demonstramos os elementos objeto da palavra, perguntas-chave, empatia e escuta ativa. Em seguida, trataremos do relato da professora Raquel de Oliveira Felisberto Barros[4], no qual apresentamos o elemento *rapport*. Ambas utilizaram a ferramenta sob a orientação da autora desta obra.

Ao ressaltar a dificuldade em ministrar aulas em razão do comportamento negativo dos alunos, a professora Jane Moreira descreveu a realidade do cotidiano de algumas escolas brasileiras. Entretanto, com a prática da ferramenta pedagógica, foi possível efetuar uma mudança de comportamento dos alunos. No entanto, foram necessárias três aplicações do recurso para que resultados positivos fossem obtidos; a ferramenta foi utilizada até a conclusão do ano letivo. Confira o depoimento.

3.2.1.1 Depoimento da professora Jane Moreira

> No ano de 2018, após acompanhar o trabalho da professora Aloma pela internet, adquiri o livro *Bullying escolar: prevenção, intervenção e resolução com princípios da justiça restaurativa*, iniciei sua leitura e, posteriormente, a aplicação da prática do Círculo de Diálogo Respeitoso com o "Objeto da Palavra". Levei uma girafa (de pelúcia) para a sala de aula, expliquei o porquê de trabalharmos com esse animal[5], os alunos decidiram dar um nome para o "Objeto da Palavra", foi feita uma votação na sala

---

3 Mestre em Educação Tecnológica, especialista em Direitos Humanos na Educação e em Educação das Relações Étnico-Raciais, professora de Língua Portuguesa da Educação Básica das Redes Estadual de Minas Gerais e Municipal de Sabará (Minas Gerais) e gestora da Escola Municipal Gabriela Leite Araújo.
4 Psicopedagoga, professora de Anos Iniciais Fundamental I, da Secretaria de Educação do Estado de São Paulo.
5 **Girafa:** "Possuem um coração muito grande, capaz de bombear o sangue por todo o extenso corpo: 11 quilogramas, 60 centímetros de comprimento e 8 centímetros de espessura nas paredes, 43 vezes maior que o coração humano" (Lima, 2021).

e o nome escolhido foi "Melissa Geralt"[6]. A prática foi iniciada após contatar a autora, e a mesma se prontificou a dar orientações, suporte didático-pedagógico, supervisionar as ações e sanar as dúvidas à medida que estas foram surgindo. Iniciei, em fevereiro de 2019, um trabalho com uma turma de 8º ano, a qual vivenciava muitos conflitos internos, como *bullying*, *cyberbullying*, agressões verbais e apelidos pejorativos. Entre os alunos não havia escuta, a indisciplina e a falta de respeito eram características da turma, malquista pelos docentes e pela direção da escola. O desafio dos professores era conseguir lecionar os 50 minutos previstos por disciplina. Era feito um círculo toda segunda-feira, os alunos respondiam às perguntas feitas pela professora, e só podiam falar se estivessem segurando o "Objeto da Palavra". Quando alguém queria ponderar, ou falar sobre a resposta do colega, era concedido o turno da fala; o colega "passava" a vez (permitia a fala) e, depois, retomava seu depoimento.

    Os primeiros círculos foram tumultuados, os alunos não se respeitavam, queriam falar ao mesmo tempo; após a terceira semana, os estudantes passaram a ouvir os demais, a entender a história uns dos outros e a perceberem o quanto as palavras machucavam. A mudança de comportamento da turma refletiu não só na disciplina de Língua Portuguesa como também nas demais aulas e durante o recreio, pois alunos que "não eram visíveis"[7] durante o recreio passaram a fazer parte desse momento. Foi muito importante a inclusão desses alunos (invisíveis), pois os mesmos se escondiam durante o recreio, tinham receio de sofrer *bullying*. A prática do Círculo de Diálogo Respeitoso com o "Objeto da Palavra" continuou durante o ano letivo de 2019, com resultados surpreendentes: alunos se posicionaram contra

---

[6] **Geralt**: Personagem da série *The Witcher*, contratado para matar monstros; seu diferencial é cobrar um preço baixo por seus serviços. A associação dos alunos com a girafa foi de que havia "monstros" para serem mortos: o *bullying*, o *cyberbullying* e as diferenças.

[7] Durante um dos círculos, os alunos perceberam que alguns colegas de sala não eram vistos no recreio: onde eles ficavam? Por que eram invisíveis durante esse momento? Os próprios alunos disseram: "fulano é invisível no recreio, nunca o vimos no recreio".

> práticas indevidas dos colegas, outros se dispuseram a ser amigos dos que tinham queixa de não conseguirem ser parte da turma, bem como outras iniciativas dos alunos para melhorar o ambiente escolar. Neste ano letivo estou como diretora de uma instituição municipal e pretendo incluir esta prática nas ações do planejamento estratégico anual, e no PPP, para que a prática continue nas gestões futuras. Por ser uma prática exitosa, é importante deixar registrada e atrelada a um documento da escola.

Vamos recuperar um trecho do relato da professora Jane Moreira: "Levei uma girafa (de pelúcia) para sala de aula, expliquei o porquê de trabalharmos com esse animal, os alunos decidiram dar um nome para o 'Objeto da Palavra', foi feita uma votação na sala e o nome escolhido foi 'Melissa Geralt'". A girafa é o animal que têm o maior coração entre os animais terrestres. A utilização da girafa de pelúcia é uma analogia à figura do coração, que representa o amor que toda criança e todo adolescente precisam ter na convivência da sala de aula para que cresçam de maneira saudável. Este é o nosso objetivo com o uso do CDR: fazer com que a escola proporcione esse lugar de querer estar e ser feliz.

O objeto da palavra é um objeto que "vai passando de mão em mão para que todos tenham a oportunidade de falar, um de cada vez, na ordem em que estão sentados" (Zehr, 2012, p. 62). Esse elemento é fundamental: "A importância de falar e ouvir com respeito é regulada pelo objeto da palavra", que dá segurança ao aluno ao garantir sua vez de falar (Felizardo, 2017, p. 120). Assim, o aluno "se sente convidado a falar e, não pedindo para se expressar, tem sua vez de se expor, mesmo com poucas palavras" (Felizardo, 2017, p. 121). Esta frase da professora Jane: "Os primeiros círculos foram tumultuados, os alunos não se respeitavam, queriam falar ao mesmo tempo; após a terceira semana, os estudantes passaram a ouvir os demais" é legitimada pelos teóricos diretores do Projeto de Negociação de Harvard, Roger Fisher, William Ury e Bruce Patton, com a prática da teoria da escuta ativa:

> A necessidade de escutar é óbvia, mas, apesar disso, é difícil escutar bem, especialmente sob a tensão de uma negociação em curso. Escutar permite que você compreenda as percepções do outro, sinta suas emoções e ouça o que ele está tentando dizer. Uma escuta ativa aprimora não só o que você ouve, mas também o que ele diz.
>
> As técnicas padronizadas da boa escuta consistem em prestar estreita atenção ao que é dito, pedir à outra parte que explicite com cuidado e clareza exatamente o que pretende dizer, e pedir que as ideias sejam repetidas quando houver qualquer ambiguidade ou incerteza. Ao escutar, faça com que sua tarefa seja não a de formular mentalmente uma resposta, mas sim a de compreender o outro tal como ele se vê. Leve em contas as percepções, necessidades e limitações dele. (Fisher; Ury; Patton, 2005, p. 52)

No processo empreendido pela educadora Jane Moreira, os estudantes passaram a ouvir os demais. Este é o elemento da escuta ativa: interessar-se pela fala do outro. Nesse momento, todos esperam a vez de ouvir seu colega.

Continuando com o depoimento da professora Jane, temos mais um trecho interessante: "entender a história uns dos outros e a perceberem o quanto as palavras machucavam". Isso nada mais é do que a empatia, a capacidade de se identificar totalmente com o outro, de se colocar no lugar do outro.

> A empatia é a compreensão respeitosa do que os outros estão vivenciando. Em vez de oferecermos empatia, muitas vezes sentimos uma forte urgência de dar conselhos ou encorajamento e de explicar nossa própria posição ou nossos sentimentos. Entretanto, a empatia requer que esvaziemos nossa mente e escutemos os outros com a totalidade do nosso ser. Precisamos sentir empatia para dar empatia. (Rosenberg, 2006, p. 151)

> Carl Rogers descreveu o impacto da empatia em quem a recebe: "Quando [...] alguém realmente o escuta sem julgá-lo, sem tentar assumir a responsabilidade por você, sem tentar moldá-lo, é muito bom. [...] Quando sinto que fui ouvido e escutado, consigo perceber meu mundo de uma maneira nova e ir em frente. É espantoso como problemas que parecem insolúveis se tornam solúveis quando alguém escuta. Como confusões que aparecem irremediáveis viram riachos relativamente claros correndo, quando se é escutado". (Rosenberg, 2006, p. 159)

De modo geral, o professor e os alunos oferecem empatia a um colega. Todavia, é o CDR que possibilita a compreensão de quais são os sentimentos, as necessidades e os pedidos desse colega. Em outras palavras, não há momentos propícios numa rotina em sala de aula que permitam a expressão do coração, a não ser o CDR.

3.2.1.2 Depoimento da professora Raquel Barroso

> O Círculo de Diálogo Respeitoso combate o *bullying* e *cyberbullying*, pois trabalha valores, prevenção e mediação. Por meio dessa prática, alcançamos aulas eficientes devido ao ambiente harmonioso que é envolvido por respeito e segurança nas relações interpessoais professor-aluno, condições essenciais para a aprendizagem.

Isso confirma a condição do elemento *rapport*, pois a professora teve êxito em criar um ambiente harmonioso para dar as aulas e estabeleceu uma relação de confiança, fundamentada por um dos mais renomados autores de programas de treinamento em mediação e negociação, Christopher W. Moore. O trabalho principal do citado pesquisador está na área de resolução de disputas.

> O termo Rapport *faz menção à capacidade para comunicar-se livremente, ao nível de conforto das partes, ao grau de precisão na comunicação e à qualidade do contato humano.*
>
> *O Rapport, sem dúvida, está definido pelo estilo pessoal, ou modo de falar, do professor, bem como por seus interesses comuns e pelo grau de comunicação entre ele e os alunos. Os professores com frequência falam da necessidade de criar certo vínculo entre os alunos. Isso pode ser obtido por meio da conversa a respeito dos valores comuns; da reafirmação com sinceridade de um atributo ou uma atividade dos alunos; ou da demonstração da sinceridade do professor através do comportamento. Na realidade, não se usa uma máscara. Não há intenção em praticar nenhum exibicionismo, ou dar-se ares de importante.* (Moore, 2008, p. 102, tradução nossa)

> Salas de aulas em que professores são esperados por seus alunos não estão longe de ser alcançadas com as práticas da ferramenta pedagógica do CDR.

Com base em Moore (2008), podemos afirmar que o *rapport* cria um vínculo de confiança entre educadores e alunos. Nesse caso, convém perguntarmos: De que forma o aluno confia no professor? Vejamos o que escreveu a esse respeito a professora Nelnie Viale Lorenzoni, então coordenadora de Gestão da Aprendizagem do Departamento Pedagógico da Secretaria de Educação do Rio Grande do Sul: "Precisamos rever nossos conceitos e práticas antes que nossas relações se contaminem com desconfiança e medo de tal forma que caminhemos em direção ao caos" (Lorenzoni, citada por Felizardo, 2017, p. XIX-XX). Isso retrata a realidade que intentamos mudar. Ainda conforme Nelnie, "é contando história que nos fazemos humanos e é na relação com emoção que nos tornamos sujeitos desejantes" (Lorenzoni, citada por Felizardo, 2017, p. XX), mesmo que seja de maneira muito simples: ouvindo nossos alunos.

Com todo esse embasamento em nosso poder, podemos seguir adiante e tratar de aplicações prática dessa grande ferramenta criadora de empatia e confiança que é o CDR.

3.2.2 Implantação em escolas do município de Feliz Natal (MT)

No dia 30 de outubro de 2019, William Oguido Ogama, promotor de Justiça da Comarca de Feliz Natal (MT), por meio do Projeto Integra MP, formalizou uma palestra sobre *bullying* e *cyberbullying* com a autora desta obra. Além disso, mediante a Promotoria de Justiça, implementou a iniciativa piloto do CDR por meio de um curso de capacitação de 167 profissionais, entre eles professores e gestores, profissionais da saúde, psicólogos, assistentes sociais e conselheiros tutelares.

A iniciativa teve como objetivo apresentar a esses profissionais uma ferramenta a ser utilizada dentro da sala de aula para a promoção da paz e do respeito no cotidiano escolar.

Foram desenvolvidas, nessa capacitação, três frentes de atuação prática:

1. Palestra de sensibilização sobre *bullying* e *cyberbullying*.
2. Noções gerais dos conceitos teóricos do CDR.
3. Simulação com oficina do CDR.

O programa do curso discorreu sobre os seguintes pontos:

1. Conceitos básicos de *bullying escolar* e *cyberbullying*.
2. Legislação brasileira – intimidação sistemática.
3. Noções gerais de princípios da justiça restaurativa.
4. Noções gerais de processos circulares.
5. Noções gerais de comunicação não violenta.
6. Noções gerais de mediação de conflitos/negociação.
7. Simulações de CDR.

Apresentamos, a seguir, depoimentos de duas servidoras da Promotoria do Ministério Público de Feliz Natal. Em seguida, trataremos de depoimentos de professores, diretoras e coordenadoras da Rede Pública Municipal de Educação, desde a capacitação até as práxis em salas de aula.

Confira, a seguir, a declaração de Thais Gonçalves Socreppa[8].

> Nos dias atuais, temas como *bullying* e *cyberbullying* são assuntos de nítida repercussão e de grande importância para sociedade, em especial para jovens, crianças e adolescentes. O Círculo do Diálogo Respeitoso consubstancia-se em uma ferramenta de destaque na tutela social, individual e coletiva da comunidade escolar. É assim porque, além do caráter preventivo, elucida possíveis situações de risco vivenciadas por grupos e/ou indivíduos, comuns ou vulneráveis, fato que permite a cientificação das autoridades competentes para adoção das medidas necessárias.

---

8 Assistente ministerial da Promotoria de Justiça de Feliz Natal, do Ministério Público do Estado de Mato Grosso.

O depoimento de Maria Rita Schardong Ferrão[9] complementa de maneira muito pertinente o relato anteriormente apresentado.

> Casos de *bullying*, mau comportamento, desacato, entre outras situações, ocorrem diariamente no local onde nossos filhos passam a maior parte de sua jornada diária, a escola. A prática do Círculo do Diálogo Respeitoso, a meu ver, além de promover a empatia entre aqueles que estão inseridos no Círculo, propicia uma ferramenta à escola e aos professores para compreender melhor a realidade do aluno. Dessa forma, é possível identificar mais facilmente possíveis situações de risco e outras dificuldades vivenciadas pelo estudante. Por fim, vejo o CDR como um aliado poderoso, tanto da família como da escola e das demais autoridades que visam à proteção de crianças e adolescentes.

A seguir, apresentamos a visão de Enisandra Aparecida Garcia Oliveira[10] sobre o projeto citado que utilizou o CDR.

> No Projeto "Integra MP", tive a oportunidade de presenciar a discussão com todo o corpo docente e os psicopedagogos das redes públicas municipal e estadual, bem como com as redes de ensino filantrópica e privada, assistentes sociais, conselhos tutelares e equipes da saúde, com psicólogos, psiquiatras, fisioterapeutas ocupacionais especializados no tema *bullying*, muito praticado no ambiente escolar, como também no *cyberbullying*, visualizado e praticado nos ambientes escolares virtualmente.

---

9 Técnica administrativa da Promotoria de Justiça de Feliz Natal, do Ministério Público do Estado de Mato Grosso.
10 Mestranda em Tecnologias Emergentes em Educação pela Must University (Flórida, Estados Unidos) e professora efetiva há 24 anos do quadro profissional da Secretaria Municipal de Educação, Cultura e Esporte da Prefeitura Municipal de Feliz Natal (MT).

As redes de ensino abraçaram a causa e vários foram os momentos de discussões sobre a temática. Além disso, tivemos as palestras de conscientização e a capacitação do "Círculo do Diálogo Respeitoso" (CDR), ministradas pela professora Aloma Ribeiro Felizardo, que buscou dentro dessa área nos fornecer riquíssimas informações e, por meio de resoluções aprovadas, de grande importância para a prevenção e a resolução desses conflitos, colaborar para a reflexão dos profissionais que estão envolvidos com alunos que sofrem com perseguições de vários tipos. A especialista analisou conosco normativas, leis atuais e vigentes correlacionadas. No decorrer dos debates, pude perceber que os participantes se sentiram acolhidos para tratar desse enfrentamento e auxiliados em seus desafios. Foi importante a palestrante ter esclarecido e enfatizado que o processo da resolução de conflitos inicia quando o professor detecta o caso e sua causa, para em seguida comunicar as autoridades competentes para um atendimento individual – esse procedimento nos trouxe *feedbacks* positivos nas unidades escolares. A professora Aloma veio na hora certa, pois precisávamos de um norte para os problemas dessa natureza e, com isso, temos nos aproximado mais e mais de nossos alunos na resolução ou, pelo menos, minimização dos conflitos que o *bullying* e *cyberbullying* têm nos apresentado nas unidades escolares.

Luzia de Oliveira[11] apresenta no depoimento a seguir indicações animadoras do uso do CDR.

Após o "Círculo do Diálogo Respeitoso", desenvolvido em 2019, não registramos casos de *bullying* ou *cyberbullying*. O uso do diálogo fez com que os alunos expressassem suas impressões e sentimentos sobre situações de brigas, palavrões ou

---

11   Professora especialista e coordenadora pedagógica da Escola Municipal Bela Vista, localizada em Feliz Natal (MT).

xingamentos que ocorriam durante as horas livres de "recreio" e que, normalmente, não falariam. No decorrer deste ano, já tivemos professores que trabalhavam em outras unidades manifestando o interesse em desenvolver trabalhos, baseando-se no "Círculo do Diálogo Respeitoso", o que nos contenta, pois sabemos da eficácia do recurso.

Na pesquisa de Grossi e Fabis (2009, citados por Felizardo, 2017, p. 48), constatou-se que 35,85% dos maus-tratos promovidos na escola são realizados no pátio, durante o horário do recreio. Trata-se de um índice alto, quando desvelado. Como constatou a coordenadora pedagógica Luzia de Oliveira, por meio do diálogo, a tendência desse problema é diminuir com a prática do CDR.

As repercussões do uso do CDR na vida dos alunos são claras, de acordo com Josias dos Santos[12]. Confira, a seguir, o depoimento desse professor.

Na prática do Círculo de Diálogo Respeitoso, percebo que os alunos se sentem mais seguros para relatar o que estão passando diariamente, evidenciando as situações de *bullying, cyberbullying* e agressões trazidas de casa. Os casos relatados permitem à escola realizar um trabalho conjunto com o Conselho Tutelar e outros órgãos da nossa cidade.

Nesse depoimento, podemos perceber que o professor estabeleceu uma relação de confiança com seus alunos por meio do *rapport*. A prática do CDR incentiva os alunos a denunciarem o *cyberbullying* na sala de aula na frente dos colegas, pois, geralmente, testemunhas de *bullying* e/ou *cyberbullying* encontram dificuldade em denunciar e pedir ajuda, por medo de se tornarem as próximas vítimas. Nesse caso, é fundamental verificar se estão escondendo atividades *on-line* dos adultos.

---

12 Professor da Escola Municipal 25 de Dezembro, também localizada na cidade de Feliz Natal (MT).

O relato de Juliana Mazei Silva[13] aborda essa questão.

> O Círculo de Diálogo Respeitoso veio de encontro ao pensamento de uma escola humanizada, na qual alunos passam a ter vez e voz. Estamos vivenciando relatos positivos e intervenções positivas, em que pudemos zelar pelo nosso aluno, tomando assim medidas para que pudéssemos auxiliar nossos educandos em relação a ocorrências de cunho pessoal ou escolar. Para ela, a prática do Círculo de Diálogo Respeitoso abre o diálogo, dando voz e vez ao aluno.

Nesse sentido, explica Pranis (2010, p. 59) que, "Quando os participantes contam suas histórias, descobrem que são parecidos em aspectos inesperados". É no compartilhamento das experiências pessoais em sala de aula entre o professor e seus alunos que ocorre a promoção da convivência saudável.

Silvia Tibolla Anacleto[14] complementa a visão do educador anteriormente citado no relato a seguir.

> No ano de 2019, começamos a desenvolver o Círculo do Diálogo Respeitoso. Percebemos em nossos educandos uma mudança comportamental, pois, antes dessa iniciativa, se expressavam de forma agressiva quando ocorria algo. Após esse trabalho, notamos uma desaceleração no mau comportamento. Não encontramos problemas com *bullying* ou *cyberbullying* – apenas alguns desentendimentos que ocorriam nos intervalos. Quando utilizamos o Círculo do Diálogo Respeitoso, estes se expressaram mostrando o que ou como se sentiam agredidos. Dessa forma, nós, educadores, podemos intervir e orientar.

---

13   Coordenadora escolar da Escola Municipal 25 de Dezembro.
14   Diretora da Escola Municipal Bela Vista.

Com a prática do CDR, os alunos se colocam no lugar do outro. "As perspectivas, os fatos e as histórias compartilhadas no círculo cultivam empatia e influenciam o comportamento" (Costello; Wachtel; Wachtel, 2011, p. 27). Dessa forma, os alunos passam a se respeitar.

Essa construção da confiança é reforçada por Roseli Aparecida da Silva[15] no relato a seguir.

> Na minha prática em sala de aula, o Círculo de Diálogo Respeitoso foi e continua sendo de suma importância para prevenir e intervir sobre as situações de *bullying*, *cyberbullying* e outras ocorrências trazidas de casa. Os alunos se sentem mais seguros e confiantes para relatar o que estão passando no seu dia a dia, e que não devem ter medo de contar a verdade. Descobri por qual motivo agem de formas diferentes, como: calado, agitado demais, querendo chamar a atenção, e outros são muito agressivos. Gostei muito e continuarei desenvolvendo esse trabalho com meus alunos.

Na prática do CDR, a professora Roseli conheceu o comportamento de cada aluno; assim, conseguiu promover a integração dos alunos de modo que se sentissem mais seguros e confiantes. Sobre esse fenômeno, Pee Wee Reese (1947, citado por Middelton-Moz; Zawadski, 2007, p. 15) afirma o seguinte: "que não deixemos que nossos medos nos impeçam de tomar uma atitude". A atitude da professora mostrou que o medo é superado pela confiança que ela transmitiu aos seus alunos.

Essa confiança também é transmitida pela eficiência que o método do CDR apresenta, conforme esclarece Patrícia Devetak Pereira Coleone[16] no relato a seguir.

---

15 Professora da Escola Municipal 25 de Dezembro.
16 Pedagoga e psicopedagoga, especialista em Gestão Escolar e diretora da Escola Municipal 25 de Dezembro.

O projeto "Integra MP" foi uma iniciativa do Ministério Público em parceria com a Secretaria de Educação visando orientar os professores contra o *bullying* nas unidades escolares. Sou professora efetiva do município de Feliz Natal há 21 anos, sendo esta a primeira vez que presencio uma ação concreta e em conjunto dos dois poderes, Ministério Público e Executivo, diretamente ligado à Educação; por si só, esta iniciativa já merece destaque. Todas as metodologias que visam assessorar e fortalecer a prática educativa e a atuação dos professores, bem como o desenvolvimento dos alunos, não somente no aspecto cognitivo como no pessoal, fortalecem o diálogo e o respeito mútuo. Temos consciência do nosso papel social em promover e apoiar atitudes como este projeto do Círculo do Diálogo Respeitoso. Sabemos que o projeto tem como objetivo combater a prática do *bullying* e estimular a convivência pacífica, o respeito e a empatia entre os alunos. A iniciativa acontece em todas as unidades durante o ano letivo e promove ações de orientação, prevenção e combate dessa prática dentro e fora das nossas salas de aula. O objetivo é fazer com que os participantes reflitam; quando trazemos o assunto à tona, então o grupo compreende e pode adotar uma nova postura, escolhendo a sociabilidade no lugar do sofrimento e da violência. Como gestora da Escola 25 de Dezembro, acredito que, após a sensibilização e a capacitação, teremos resultados positivos neste ano letivo de 2020, e posteriormente iremos avaliar a necessidade de mais ações como estas em todas as turmas da escola. Com as intervenções feitas em 2019, com a participação efetiva de três professores e suas respectivas turmas, tivemos um resultado positivo com a redução dos casos de *bullying* e de queixas de alunos e pais à direção da escola sobre apelidos e conflitos.

Para Patrícia, as intervenções com o CDR produziram resultados positivos, pois os professores fortaleceram as relações interpessoais usando o objeto da palavra. "O Círculo confere a todos a oportunidade de falar e ser ouvido" (Zwicky, citado por Pranis, 2010, p. 95), resolvendo conflitos na sala de aula, o que reflete na comunidade escolar e minimiza as reclamações dos alunos e pais à direção da escola.

Até este ponto, tratamos das repercussões do CDR entre os alunos. Elislaine de Albuquerque Gomes Bernardino[17] pondera os efeitos da ferramenta nos próprios educadores. Confira o relato a seguir.

> O Círculo de Diálogo Respeitoso é uma ferramenta que possibilita aos seus facilitadores, bem como aos participantes, construir vínculos afetivos, praticar a empatia e ter um novo olhar sobre as pessoas com as quais convivemos. Isso torna possível perceber o sofrimento dos nossos alunos, bem como sua fonte e as possíveis consequências. Tornamo-nos ouvintes atentos e sem julgamentos.

A observação da professora Elislaine sobre "construir vínculos afetivos" é validada pelos professores Gislaine Coimbra Budel e Marcos Meier, este último também psicólogo:

> O professor deve criar com seus alunos o hábito de compartilhar situações vividas por todos, inclusive por ele próprio; deve contar, por exemplo, como foi seu dia anterior e ouvir o que eles têm a dizer sobre o deles. Isso auxilia na aproximação entre professor e alunos e reforça os vínculos afetivos, tão necessários para o convívio e essencial para a aprendizagem. (Budel; Meier, 2012, p. 154)

---

17   Professora e pedagoga da Escola Municipal Bela Vista.

Praticar a empatia e ter um novo olhar sobre as pessoas com as quais convivemos, perceber o sofrimento dos nossos alunos, isto é, observar e enxergar suas necessidades sem julgamentos, retrata a essência do CDR, no qual o elemento *rapport* tem fundamental importância, tendo em vista que com ele buscamos estabelecer uma relação de confiança entre professor e aluno.

O CDR também é importante por permitir que o educador entre em contato com fatores pessoais da formação do aluno. Nas palavras de Cristiane Pereira de Carvalho[18]:

> As situações de *bullying* em sala de aula são o reflexo do que as crianças aprendem em casa; ano passado lecionei em uma turma de primeiro ano do Ensino Fundamental, para crianças entre seis e sete anos de idade. Esta turma tinha 20 alunos; apenas cinco destes causavam problemas e os demais seguiam o mau exemplo deles, promovendo tumulto e deixando o restante da turma agitada. No início era bastante agitada e conversadeira, todos os professores que lecionavam na minha sala reclamavam do mau comportamento, da desobediência, do não cumprimento das regras estabelecidas no início do ano. Iniciei o Círculo do Diálogo Respeitoso com as crianças, organizadas em círculo, sentadas no chão, e houve uma razoável melhora no comportamento e no cumprimento das regras estabelecidas.

É difícil imaginar que crianças na faixa etária entre 6 e 7 anos de idade possam promover tumulto em uma sala de aula. Entretanto, a pesquisadora Luciene Regina Paulino Tognetta (2005, p. 15), doutora em Psicologia Escolar, indica o seguinte: "Ruiz (1997b) nos aponta que crianças de três anos já podem praticar bullying, capazes do ponto de vista psicológico,

---

18 Professora da Escola Municipal 25 de Dezembro.

de praticar ou de sofrer, porque passaram pela constituição da identidade, quando se reconhecem como um outro". A professora Cristiane, anteriormente citada, utilizou a ferramenta pedagógica do CDR e obteve uma melhora no comportamento de seus alunos, o que foi notado pelos seus colegas docentes, como no caso de Célia dos Santos[19]:

> Após os conhecimentos adquiridos na capacitação do Círculo do Diálogo Respeitoso, com o "Objeto da Palavra (girafa)", realizei atividades com a turma do 6º ano, de 11 a 12 anos de idade. Todos os que convivem com crianças sabem como eles são capazes de praticar maldades, mesmo em tom de brincadeira: caçoam uns dos outros, criam apelidos, reparam nas diferenças do outro e não deixam passar nada. Na escola isso é muito comum. Há implicância, discriminação e agressões tantos verbais quanto físicas. Percebi, no desenvolvimento das atividades, que estão sendo mais ouvintes, respeitando o momento de falar de cada um e tendo uma união maior entre eles.

Empatia é a definição para esta frase da professora Célia dos Santos: "Percebi, no desenvolvimento das atividades, que estão sendo mais ouvintes, respeitando o momento de falar de cada um e tendo uma união maior entre eles". Ao trabalhar de forma contínua com esses alunos, com ênfase na **postura empática**, o alcance de uma convivência saudável torna-se possível. É o que afirma Elenice da Silva, professora e psicopedagoga especialista em ética, valores e cidadania e escritora da obra *Combate ao bullying por meio de princípios e práticas da justiça restaurativa* (Silva, 2017). A estudiosa exemplifica a empatia, o ato de colocar-se no lugar do outro:

---

19 Professora na Escola Municipal Princesa Izabel, localizada em Feliz Natal (MT).

> Que ao nos depararmos com o bullying, o cyberbullying ou qualquer outro tipo de violência na escola, possamos no lembrar de que não devemos fazer com o outro o que não queremos que façam conosco, que precisamos respeitar para sermos respeitados e que devemos transmitir esses ensinamentos a nossos alunos, filhos, amigos e demais pessoas com as quais convivemos.
>
> [...]
>
> Combater o bullying é ir além de conteúdos e ensinamentos; diz respeito a educar as crianças e os jovens para uma cultura de paz, criando uma harmonia entre ensino e aprendizado. O início de uma cultura harmoniosa, de convivência saudável, está em nos colocarmos no lugar um do outro e imaginarmos como nos sentiríamos se estivéssemos no lugar dele. (Silva, 2017, p. 99-101)

Após toda esta contextualização teórica e prática da ferramenta pedagógica denominada CDR, expomos que é sabido que

> os verdadeiros protagonistas para procurar uma saída ao bullying, cyberbullying e conflitos são os próprios alunos, porque eles são também os principais receptores de suas consequências. Os alunos devem formar parte da solução ao maltrato e devem pilotar sua resolução. [...]. O protagonismo dos alunos, portanto, se faz necessário para encontrar saídas efetivas às situações que eles mesmos vivem e padecem cotidianamente. (Avilés Martínez, 2013, p. 52-53)

Os alunos fazem a prevenção com a facilitação oferecida pela presença do professor em sala de aula. É importante destacar a fala de William L. Ury, um dos maiores especialistas em negociação e resolução de conflitos dos Estados Unidos, cofundador e um dos diretores do curso de Negociação de Harvard: "São precisos dois para complicar, mas basta apenas um para solucionar uma situação complicada" (Ury, 2012, p. 151). Você, professor, tem a intervenção adequada com o CDR para transformar os mais difíceis incidentes do cotidiano escolar.

3.3 O Círculo de Diálogo Respeitoso e as quatro árvores da vida emocional

Gostaríamos de finalizar este capítulo com a apresentação de um recurso auxiliar ao CDR. Trata-se da sequência lógica do trabalho pedagógico do professor, pois foi concebido para facilitar, por meio de uma visualização esquemática, os **sentimentos** e as **necessidades** dos alunos.

O fundamento do trabalho do professor com o CDR são as emoções geradas quando da aplicação do recurso em sala de aula. No decorrer desta obra, tratamos de uma diversidade de agressões virtuais e presenciais, dos grupos que as realizam, de seu *modus operandi*, das legislações que contemplam as sanções a essas iniciativas e das ferramentas pedagógicas utilizadas em espaço escolar para fazer frente ao *cyberbullying*. Por isso, nesta parte da obra, consideramos pertinente trazer à tona as emoções atreladas às interações humanas, que, em uma medida ou outra, influenciam na realização de agressões e perseguições das mais diferentes naturezas, nas quais se incluem o *cyberbullying* e o *bullying*.

Para nos dar apoio nessa apresentação, utilizamos aqui a "árvore de vida emocional", proposta por Jéferson Cappellari (2012), para elencar e analisar as três emoções despertadas no ser humano quando suas necessidades não são atendidas – raiva, medo e tristeza – e a única que se faz presente quando suas necessidades são atendidas – a felicidade. As figuras expostas a seguir demonstram que poucas emoções geram bem-estar. Ainda assim, o autor sugere em sua obra *O despertar do coração girafa* (Cappellari, 2019) que aperfeiçoemos nossos relacionamentos, que ampliemos a habilidade de nos expressar pelo coração por meio do uso de uma linguagem que promova a conexão humana em todos os sentidos. Vejamos a seguir as variações da "´árvore da vida".

Figura 3.1 – Árvore da vida emocional: raiva

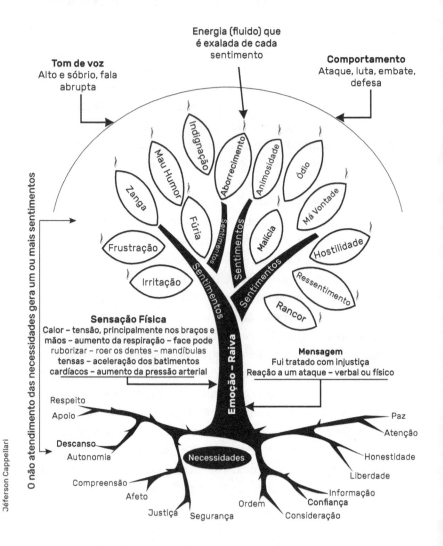

Figura 3.2 – Árvore da vida emocional: medo

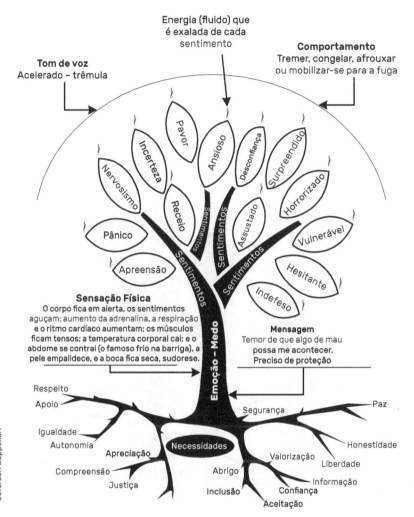

Figura 3.3 – Árvore da vida emocional: tristeza

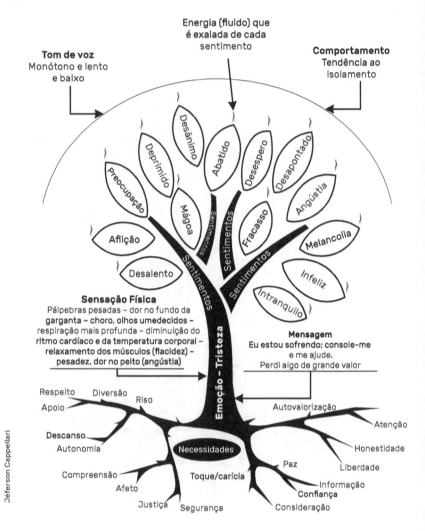

Figura 3.4 – Árvore da vida emocional: felicidade

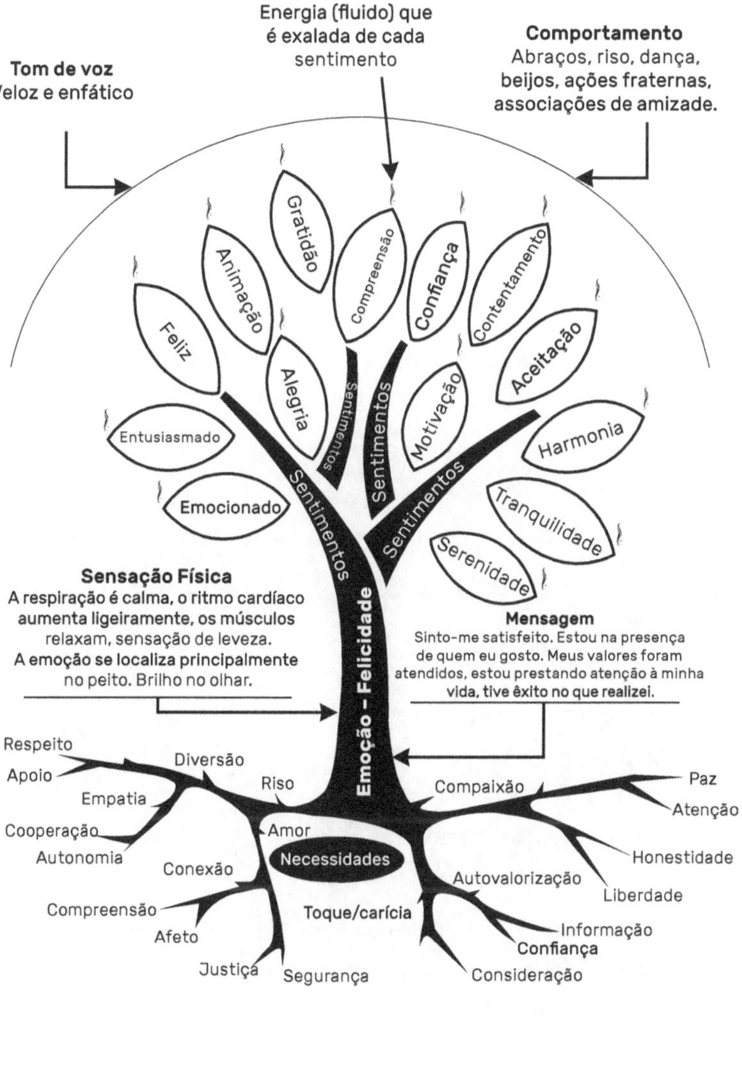

Tom de voz
Veloz e enfático

Energia (fluido) que é exalada de cada sentimento

Comportamento
Abraços, riso, dança, beijos, ações fraternas, associações de amizade.

Sentimentos: Feliz, Animação, Gratidão, Compreensão, Confiança, Contentamento, Alegria, Aceitação, Entusiasmado, Motivação, Harmonia, Emocionado, Tranquilidade, Serenidade

Sensação Física
A respiração é calma, o ritmo cardíaco aumenta ligeiramente, os músculos relaxam, sensação de leveza. A emoção se localiza principalmente no peito. Brilho no olhar.

Mensagem
Sinto-me satisfeito. Estou na presença de quem eu gosto. Meus valores foram atendidos, estou prestando atenção à minha vida, tive êxito no que realizei.

Emoção – Felicidade

Necessidades: Respeito, Apoio, Diversão, Empatia, Riso, Compaixão, Paz, Cooperação, Atenção, Autonomia, Amor, Honestidade, Conexão, Autovalorização, Compreensão, Toque/carícia, Liberdade, Afeto, Informação, Justiça, Segurança, Consideração, Confiança

Jéferson Cappellari

As emoções se manifestam por meio dos sentimentos: "em geral, os conflitos implicam mais sentimentos negativos do que positivos" (Moore, 2008, p. 210, tradução nossa).

> Apesar de não conseguirmos medir a intensidade das emoções, uma análise mais detalhada destas figuras pode nos ajudar a observar os sinais das emoções fortes, aparentes pelo tom da voz, pelo ritmo das palavras e dos gestos, pela expressão facial e pela postura corporal no momento ou na confrontação do conflito com nossos alunos e aqueles com quem nos relacionamos. (Felizardo, 2017, p. 143)

Lidar com sentimentos não é tarefa fácil. Por isso, sugerimos aos professores o trabalho contínuo com **dez atitudes diárias**, para que seus alunos melhorem em sua convivência interpessoal:

1. Amor
2. Alegria
3. Paz
4. Paciência
5. Gentileza
6. Bondade
7. Valorização dos sonhos
8. Humildade
9. Domínio próprio
10. Valorização do ato do abraço

Inspirados nessas valorosas virtudes e iniciativas listadas, registramos a fala do saudoso estudioso pioneiro do *bullying* escolar no Brasil, o pediatra Aramis Lopes, que retratou fielmente o desejo de muitos professores: "Todas as crianças e adolescentes têm direito a escolas onde existam alegria, amizade, solidariedade e respeito às características individuais de cada um deles" (Lopes; Saavedra, 2008, p. IV). Tudo isso é possibilitado pelo desenvolvimento das "dez atitudes diárias".

capítulo quatro

O que a vítima deve fazer em caso de cyberbullying: como juntar as provas para o Poder Judiciário

A prática do Círculo de Diálogo Respeitoso (CDR) propõe a resolução pacífica do *cyberbullying*. Entretanto, se for necessário buscar defesa no âmbito judicial, apresentamos aqui algumas orientações.

Figura fundamental nos estudos do tema, Lélio Braga Calhau é promotor de Justiça do Ministério Público do Estado de Minas Gerais, psicólogo e escritor pioneiro de obras que tratam de *bullying* e direito. Seu livro *Bullying: o que você precisa saber – identificação, prevenção e repressão*, de 2009, está na 5ª edição e muito tem contribuído na articulação do direito com a educação. O citado autor aponta: "Embora eu entenda que a via judicial é a última opção a ser exercida pelos envolvidos, ela não pode ser descartada" (Calhau, 2018, p. 50).

O Poder Judiciário, pelas nossas pesquisas, tem julgado alguns casos de *cyberbullying* desde o ano de 2006. Graças ao endereço IP (*internet protocol*), que registra a navegação da pessoa, é possível identificar o agressor, mesmo que ele use nome falso, apelido ou pense que ninguém vai encontrá-lo. Com esse facilitador de apresentação de provas, é possível se dirigir a uma delegacia e dar entrada ao processo criminal.

Convém destacar que o IP é um recurso entre vários no que diz respeito aos procedimentos necessários quando uma pessoa se depara com a necessidade de se defender das perseguições de algum ciberagressor. Nesse sentido, Calhau (2018, p. 131) apresenta algumas orientações:

> Em caso de ocorrência de cyberbullying, imprima imediatamente a tela da página em que ocorreu. Certifique-se de que na impressão saia o cabeçalho da página [...] contendo seu título e endereço URL, e também a postagem exata em que as supostas ofensas contra a honra da vítima ocorreram (utilize mais de um print, se necessário).
>
> É extremamente importante que você imprima e guarde esses materiais (copie em um CD ou pen drive, ou utilize serviços de backup on-line, por segurança). O motivo é que, ao descobrirem que a polícia foi acionada, os agressores tendem a apagar os vestígios da agressão e da sua própria existência na internet. Vá (de preferência com um advogado) à delegacia de polícia da sua região e faça um boletim de ocorrência.
>
> Escreva ao provedor, narre os fatos e peça a retirada imediata das ofensas na internet – lembrando-se de antes imprimir e guardar cópia de tudo. Peça a confirmação do recebimento do e-mail, imprima e guarde o recibo. Em hipótese alguma responda ao cyberbullying com outra agressão. Isso poderá ser usado pela defesa do acusado para tentar atacar a credibilidade de sua versão e, inclusive, diminuir a responsabilidade da culpa. Já que é inocente, continue assim, não embarque nas provocações do agressor. Tenha calma e aja dentro da lei.

Além da obtenção das provas orientadas anteriormente, pode ser que, caso seja necessário entrar com medidas judiciais, você precise juntar outros tipos de evidências. Dirija-se, então, ao Cartório de Notas mais próximo, para que o notário descreva o conteúdo do celular, do *e-mail* ou da rede social.

Para Soares (2013, p. 86-87), na "ata notarial sobre fatos ocorridos no mundo cibernético o tabelião relata os fatos que presenciou, comprovando a existência e todo o conteúdo do *site* ou página da internet, arquivando os endereços (www) acessados e imprimindo as imagens no próprio instrumento notarial". O mesmo procedimento é válido para as mensagens de celular, que são as provas das ofensas oriundas das redes sociais. A Ata Notarial é prova válida em juízo.

Confira, a seguir, como fazer uma impressão pelo *print screen*.

Do computador de mesa
1. Abra a página que você quer imprimir.
2. Pressione a tecla Print Screen (PrtScr) no teclado.
3. Vá até o menu *Iniciar* e clique em:

» Todos os programas
» Acessórios
» Paint

4. No Paint, pressione e segure as teclas Ctrl + V.
5. Em seguida, clique em:

» Arquivo
» Salvar como
» Desktop
» Salvar

6. Feche a tela e imprima o conteúdo.

Do aparelho celular
Sugerimos que consulte as dicas e os tutoriais disponíveis do fabricante do seu aparelho celular na internet, uma vez que, no Brasil, há centenas de marcas com milhares de modelos, e cada fabricante orienta como imprimir seus arquivos, inclusive em PDF.

De posse das provas, dirija-se a uma das delegacias relacionadas a seguir.

4.1 Delegacias especializadas em crimes cibernéticos (por estado)

Buscar a Justiça pode ser um dos caminhos necessários para pôr fim a uma perseguição, o que significa fazer um Boletim de Ocorrência, com as provas juntadas em anexo.

Existem, no Brasil, delegacias especializadas em crimes virtuais, as quais podem ser consultadas a seguir. Se a Delegacia Especializada em Crimes Virtuais do seu estado não atende ao público ou não há esse tipo de serviço em sua cidade, procure a Delegacia de Polícia Civil para receber as devidas orientações e efetuar o registro da ocorrência.

A seguir, indicamos algumas delegacias especializadas em crimes cibernéticos para denúncias de possíveis crimes virtuais. Para informações adicionais, consulte o artigo "Lista dos Estados que possuem Delegacias de Polícia de combate aos Crimes Cibernéticos", do delegado de polícia especialista em crimes virtuais Emerson Wendt (2020)[1].

Bahia
Grupo Especializado de Repressão aos Crimes por Meios Eletrônicos (GME)
Rua Tristão Nunes, 8, Mouraria, Salvador-BA. CEP 40040-130.
Telefone: (71) 3117-6109.

Distrito Federal
Divisão de Repressão aos Crimes de Alta Tecnologia (Dicat)
Sia Trecho 2, Lote 2.010, 1º andar, Brasília-DF. CEP 71200-020.
Telefone: (61) 3462-9533. *E-mail*: dicat@pcdf.df.gov.br.

Espírito Santo
Delegacia de Repressão a Crimes Eletrônicos (DRCE)
Av. Nossa Senhora da Penha, 2290, Bairro Santa Luiza, Vitória-ES. CEP 29045-403. Telefone: (27) 3137-2607.
E-mail: drce@pc.es.gov.br.

---

1   A lista completa da relação das Delegacias de Polícia estaduais de combate aos crimes cibernéticos pode ser consultada no *link* a seguir:
WENDT, E. **Lista dos Estados que possuem Delegacias de Polícia de combate aos crimes cibernéticos**. Disponível em: <http://www.emersonwendt.com.br/2010/07/lista-dos-estados-com-possuem.html>. Acesso em: 17 maio 2021.

Goiás
Delegacia Estadual de Repressão a Crimes Cibernéticos (Dercc)
Rua R-17, Qd. F 13, Lt. 13, Setor Oeste, Goiânia-GO.
CEP 74140-050. Telefone: (62) 3201-2650.
E-mail: crimes.ciberneticos@policiacivil.go.gov.br.

Minas Gerais
Delegacia Especializada em Investigação de Crime Cibernético (DICC)
Avenida Francisco Sales, 780, Bairro Santa Efigênia, Belo Horizonte-MG. CEP 30150-222. Telefones: (31) 3223-6943 – 3223-6987. *E-mail:* crimesciberneticos@pc.mg.gov.br.

Pará
Divisão de Prevenção e Repressão a Crimes Tecnológicos (DPRCT)
Avenida Pedro Álvares Cabral, 4.694, 2° andar,
Bairro Sacramenta, Belém-PA. CEP 66123-000.
E-mails: drctpa@policiacivil.pa.gov.br – drctpa@gmail.com.

Paraná
Núcleo de Combate aos Cibercrimes (Nuciber)
Rua José Loureiro, 376, 1° andar, sala 1, Centro, Curitiba-PR.
CEP 80010-000. Telefone: (41) 3323-9448.
E-mail: cibercrimes@pc.pr.gov.br.

Pernambuco
Delegacia de Polícia de Repressão aos Crimes Cibernéticos (DPCRICI)
Rua da Aurora, 487, Boa Vista, Recife-PE. CEP 50050-000. Telefone: (81) 3184-3206/07.
E-mail: dpcrici@policiacivil.pe.gov.br.

Piauí
Delegacia Especializada de Repressão aos Crimes de Alta Tecnologia (Dercat)
Rua Prata, s/n, Bairro Piçarra, Teresina-PI. CEP 64017-160.
Telefone: (86) 3216-5275. *E-mail:* drci@pc.pi.gov.br.

Rio de Janeiro
Delegacia de Repressão aos Crimes de Informática (DRCI)
Avenida Dom Hélder Câmara, 2066, Bairro Jacarezinho, Rio de Janeiro-RJ. CEP 21050-452. Telefones: (21) 2202-0277 – 2202-0278 – 2202-0281 – 2202-0282 – 2202-0285.

Rio Grande do Sul
Delegacia de Repressão aos Crimes Informáticos (DRCI)
Rua Professor Cristiano Fischer, 1440, Bairro Jardim do Salso, Porto Alegre-RS. CEP 91410-000. Telefone: (51) 3288-9815.
E-mail: drci@pc.rs.gov.br. Twitter: www.twitter.com/drci_rs.

São Paulo
4ª Delegacia de Delitos Cometidos por Meios Eletrônicos (DIG/Deic)
Avenida Zacki Narchi, 152, Bairro Carandiru, São Paulo-SP (próxima à estação de metrô Carandiru). CEP 02029-000. Telefone: (11) 2221-7030. *E-mail*: 4dp.dig.deic@policiacivil.sp.gov.

Sergipe
Delegacia de Defraudações e Crimes Cibernéticos (DRCC)
Rua Laranjeiras, 960, Centro, Aracaju-SE. CEP 49010-000.
Telefone: (79) 3198-1124. *E-mail*: drcc@pc.se.gov.br.

Tocantins
Divisão Especializada de Repressão a Crimes Cibernéticos (DRCC). Complexo II de Delegacias Especializadas
Avenida Teotônio Segurado, Quadra 202 sul, Conj. I, Lt. 4, Plano Diretor Sul, Palmas-TO. CEP 77001-002.
Telefones: (63) 3218-1125 – 3218-1197.
E-mail: atendimento.drcc@ssp.to.gov.br.

Após a coleta de provas e o registro em uma das delegacias cibernéticas, conheça a legislação para promover uma ação no Poder Judiciário.

4.2 Legislação: proibição do *cyberbullying* pelo ordenamento jurídico

O Poder Judiciário tem sido acionado para tratar de casos envolvendo situações conflituosas e difíceis de serem resolvidas, tais como: *bullying*, *cyberbullying*, intimidação, assédio moral, lesão física, constrangimento, difamação, injúria, calúnia, ameaça, falsa identidade, divulgação de segredo, extorsão, divergências na prestação de serviços educacionais, desacato às autoridades da escola e danos ao patrimônio escolar e dos professores. Tudo isso faz parte desse cenário: alunos, pais, professores e escolas.

> O *cyberbullying* geralmente tem origem no *bullying*. Em relação às legislações aqui mencionadas, essas considerações se moldam aos dois temas.

As práticas do *bullying* e do *cyberbullying* colidem com os direitos fundamentais previstos no art. 5º da Constituição Federal do Brasil (1988); por isso, devem ser coibidas e combatidas por todos os brasileiros. Nesse sentido, os atos de *bullying* e *cyberbullying* violam, entre outros, os seguintes direitos fundamentais constitucionais (Brasil, 1988):

> *Art. 5º Todos são iguais perante a lei, sem distinção de qualquer natureza, garantindo-se aos brasileiros e aos estrangeiros residentes no País a inviolabilidade do direito à vida, à liberdade, à igualdade, à segurança e à propriedade, nos termos seguintes:*
> *[...]*
> *II – ninguém será obrigado a fazer ou deixar de fazer alguma coisa senão em virtude de lei;*
> *III – ninguém será submetido a tortura nem a tratamento desumano ou degradante;*
> *[...]*
> *X – são invioláveis a intimidade, a vida privada, a honra e a imagem das pessoas, assegurado o direito a indenização pelo dano material ou moral decorrente de sua violação;*
> *[...]*
> *XV – é livre a locomoção no território nacional em tempo de paz, podendo qualquer pessoa, nos termos da lei, nele entrar, permanecer ou dele sair com seus bens;*
> *[...]*

XX – ninguém poderá ser compelido a associar-se ou a permanecer associado;
[...]
XLI – a lei punirá qualquer discriminação atentatória dos direitos e liberdades fundamentais;
XLII – a prática do racismo constitui crime inafiançável e imprescritível, sujeito à pena de reclusão, nos termos da lei;

De acordo com Ribeiro (2013), a conduta que mais caracteriza o *cyberbullying* diz respeito aos ataques à honra e à imagem. Na lei penal, essas ações estão resumidas em três tipos criminais:

1. **Calúnia**: Está prevista no art. 138 do Código Penal e ocorre no momento no qual um indivíduo atribui a outra pessoa a prática de um crime. É muito importante o disposto no parágrafo 1° desse artigo, no qual a responsabilidade pelo delito é estendida aos divulgadores do boato. Característica comum nesse tipo de ilícito cibernético é [...] a pluralidade dos espectadores, que não se põem inertes à produção do dano, agravando ainda mais os efeitos nocivos.
2. **Difamação**: [...] é a prática na qual se atribui a alguém um fato moralmente reprovável [...]; tal fato atribuível deve ser capaz de manchar a reputação do referido (ofensa à honra). [...]
3. **Injúria**: [...] consiste em um direcionamento a alguém de um qualificativo desonroso, como os frequentes xingamentos [...].
   [...] quando praticada on-line, são muito comuns as trocas de agressões entre os envolvidos, de maneira tal que não se sabe quem foi que começou com os insultos. [...] O cyberbullying, por sua vez, é uma depreciação moral em que uma parte é visivelmente mais fraca e quase sempre não reage (ou sua reação é mínima em relação à do autor). (Ribeiro, 2013, p. 206-207)

No sistema jurídico brasileiro, a Constituição de 1988 é a norma fundamental, juntamente com o Código Civil, o Código Penal, o Código do Consumidor e o Estatuto da Criança e do Adolescente. No caso de ação contra a escola, é aplicado o Código de Defesa do Consumidor. Portanto, estamos diante das legislações que o Poder Judiciário tem aplicado para combater condutas criminosas virtuais. São essas normas que determinam os direitos e os deveres dos cidadãos, coibindo e responsabilizando práticas de violação dos direitos das crianças e dos adolescentes, vítimas de autores de *bullying* e/ou *cyberbullying*.

Tendo esse repertório jurídico como base, empreenderemos a seguir algumas discussões sobre as dinâmicas relativas à aplicação da lei em casos de agressões como as que citamos anteriormente.

4.2.1 Código Civil: pais devem indenizar as vítimas dos filhos

Ainda que casos de *cyberbullying* ou *bullying* sejam, de maneira geral, empreendidos longe das vistas dos responsáveis pelos agressores – na privacidade dos quartos e no isolamento dos pátios das escolas –, os pais não podem alegar que não sabiam que os filhos praticavam atos de *bullying* e/ou *cyberbullying* – que geram danos contra terceiros –, pois há o dever legal de supervisão dos filhos.

Nas palavras de Calhau (2009, p. 15-16): "Como regra, somos responsáveis somente por nossas atitudes. Mas há momentos em que o indivíduo pode responder por danos provocados pela conduta de outra pessoa". Quando há danos causados por atos de *bullying* ou *cyberbullying* cometidos por crianças e adolescentes com menos de 18 anos de idade, cabe aos pais a responsabilidade por indenizar a vítima.

Código Civil

CAPÍTULO I
Da Obrigação de Indenizar

Art. 927. Aquele que, por ato ilícito (arts. 186 e 187), causar dano a outrem, fica obrigado a repará-lo.
Parágrafo único. Haverá obrigação de reparar o dano, independentemente de culpa, nos casos especificados em lei, ou quando a atividade normalmente desenvolvida pelo autor do dano implicar, por sua natureza, risco para os direitos de outrem.

Art. 928. O incapaz responde pelos prejuízos que causar, se as pessoas por ele responsáveis não tiverem obrigação de fazê-lo ou não dispuserem de meios suficientes.
[...]
Art. 932. São também responsáveis pela reparação civil:
I – os pais, pelos filhos menores que estiverem sob sua autoridade e em sua companhia;
II – o tutor e o curador, pelos pupilos e curatelados, que se acharem nas mesmas condições;
[...]
IV – os donos de hotéis, hospedarias, casas ou estabelecimentos onde se albergue por dinheiro, mesmo para fins de educação, pelos seus hóspedes, moradores e educandos;
V – os que gratuitamente houverem participado nos produtos do crime, até a concorrente quantia.
Art. 933. As pessoas indicadas nos incisos I a V do artigo antecedente, ainda que não haja culpa de sua parte, responderão pelos atos praticados pelos terceiros ali referidos.
[...]
Art. 942. Os bens do responsável pela ofensa ou violação do direito de outrem ficam sujeitos à reparação do dano causado; e, se a ofensa tiver mais de um autor, todos responderão solidariamente pela reparação.
Parágrafo único. São solidariamente responsáveis com os autores os coautores e as pessoas designadas no art. 932.

Fonte: Brasil, 2002, grifo nosso.

4.2.2 Código Penal, Lei n. 7.716/1989 e Estatuto da Criança e do Adolescente no combate ao *cyberbullying* e ao *bullying*

Além do caso anteriormente citado, é necessário conhecer outros direitos, deveres e penalidades previstos na legislação brasileira no caso de agressões como as que exploramos nesta obra. A seguir, apresentamos os artigos mais usuais nas ações judiciais sobre *bullying* e *cyberbullying* que constam no Código Penal, na Lei n. 7.716, de 5 de janeiro de 1989 – sobre crimes resultantes de preconceito de raça e cor (Brasil, 1989) –, e no Estatuto da Criança e do Adolescente (ECA).

Código Penal

TÍTULO I
DOS CRIMES CONTRA A PESSOA
[...]

CAPÍTULO II
DAS LESÕES CORPORAIS

Art. 129. Ofender a integridade corporal ou a saúde de outrem.
[...]

CAPÍTULO V
DOS CRIMES CONTRA A HONRA

Calúnia [Insultar a honra de alguém como se fosse verdade, por exemplo.]
Art. 138. Caluniar alguém, imputando-lhe falsamente fato definido como crime.
[...]
Difamação [Espalhar boatos eletrônicos sobre alguém, por exemplo.]
Art. 139. Difamar alguém, imputando-lhe fato ofensivo à sua reputação:
[...]
Injúria [Insultar alguém em suas características físicas ou com apelidos grosseiros.]
Art. 140. Injuriar alguém, ofendendo-lhe a dignidade ou o decoro [respeito às regras de convivência]:
[...]

CAPÍTULO VI
DOS CRIMES CONTRA A LIBERDADE INDIVIDUAL

SEÇÃO I
DOS CRIMES CONTRA A LIBERDADE PESSOAL

Constrangimento ilegal [Obrigar alguém a enviar mensagem ofensiva a outro, sob ameaça de machucar seu filho, por exemplo.]
Art. 146. Constranger alguém, mediante violência ou grave ameaça, ou depois de lhe haver reduzido, por qualquer outro meio, a capacidade de resistência, a não fazer o que a lei permite, ou a fazer o que ela não manda.
[...]
Ameaça [Intimidar alguém, por exemplo.]
Art. 147. Ameaçar alguém, por palavra, escrito ou gesto, ou qualquer outro meio simbólico, de causar-lhe mal injusto e grave.
[...]

TÍTULO X
DOS CRIMES CONTRA A FÉ PÚBLICA
[...]

CAPÍTULO IV
DE OUTRAS FALSIDADES

Falsa identidade [Alguém usar seu nome ou imagem para maldades, por exemplo.]
Art. 307. Atribuir-se ou atribuir a terceiro falsa identidade para obter vantagem, em proveito próprio ou alheio, ou para causar dano a outrem:

Fonte: Brasil, 1940, grifos nosso e do original.

Lei n. 7.716/1989

Preconceito de raça ou de cor: comentar em redes sociais de forma negativa sobre a cor de alguém, por exemplo.
Art. 20. Praticar, induzir ou incitar a discriminação ou preconceito de raça, cor, etnia, religião ou procedência nacional. (Brasil, 1989, grifo nosso)

4.2.2.1 Estatuto da Criança e do Adolescente – Lei n. 8.069/1990

O Estatuto da Criança e do Adolescente (ECA) foi sancionado pela Lei n. 8.069, de 13 de julho de 1990. A seguir, elencamos alguns destaques da legislação inerente à proteção integral da criança e do adolescente.

Art. 3º A criança e o adolescente gozam de todos os direitos fundamentais inerentes à pessoa humana, sem prejuízo da proteção integral de que trata esta Lei, assegurando-se-lhes, por lei ou por outros meios, todas as oportunidades e facilidades, a fim de lhes facultar o desenvolvimento físico, mental, moral, espiritual e social, em condições de liberdade e de dignidade.
Parágrafo único. Os direitos enunciados nesta Lei aplicam-se a todas as crianças e adolescentes, sem discriminação de nascimento, situação familiar, idade, sexo, raça, etnia ou cor, religião ou crença, deficiência, condição pessoal de desenvolvimento e aprendizagem, condição econômica, ambiente social, região e local de moradia ou outra condição que diferencie as pessoas, as famílias ou a comunidade em que vivem.
Art. 4º É dever da família, da comunidade, da sociedade em geral e do poder público assegurar, com absoluta prioridade, a efetivação dos direitos referentes à vida, à saúde, à alimentação, à educação, ao esporte, ao lazer, à profissionalização, à cultura, à dignidade, ao respeito, à liberdade e à convivência familiar e comunitária.

[...]
Art. 5° Nenhuma criança ou adolescente será objeto de qualquer forma de negligência, discriminação, exploração, violência, crueldade e opressão, punido na forma da lei qualquer atentado, por ação ou omissão, aos seus direitos fundamentais.
[...]
Art. 17. O direito ao respeito consiste na inviolabilidade da integridade física, psíquica e moral da criança e do adolescente, abrangendo a preservação da imagem, da identidade, da autonomia, dos valores, ideias e crenças, dos espaços e objetos pessoais.
Art. 18. É dever de todos velar pela dignidade da criança e do adolescente, pondo-os a salvo de qualquer tratamento desumano, violento, aterrorizante, vexatório ou constrangedor.
[...]
Art. 120. O regime de semiliberdade pode ser determinado desde o início, ou como forma de transição para o meio aberto, possibilitada a realização de atividades externas, independentemente de autorização judicial.
§ 1° São obrigatórias a escolarização e a profissionalização, devendo, sempre que possível, ser utilizados os recursos existentes na comunidade.
§ 2° A medida não comporta prazo determinado aplicando-se, no que couber, as disposições relativas à internação.

Fonte: Brasil, 1990, grifo nosso.

Estudar o ECA muda a compreensão de que o estatuto só beneficia o adolescente infrator, pensamento fundamentado em questionamentos populares sobre a problemática da idade no caso de cometimento de crimes: Por que com 16 anos o adolescente não pode ser preso e com 18 anos pode? Se pode votar, por que não pode ir preso?

O ECA normatizou a idade para se considerar *criança* e *adolescente* no art. 2°: "Considera-se criança, para os efeitos desta Lei, a pessoa até doze anos de idade incompletos, e adolescente aquela entre doze e dezoito anos de idade". A exceção está descrita no parágrafo único do art. 1°: "Nos casos expressos em lei, aplica-se excepcionalmente este Estatuto às pessoas entre dezoito e vinte e um anos de idade" (Brasil, 1990).

Por estarmos tratando de seres humanos, um sujeito de direitos em formação, Liberati (2008, p. 15) nos alerta: "Outro aspecto que deve ser abordado é a mudança do termo 'menor' para criança e adolescente". Ocorre que uma das situações mais comuns na escola é chamar um aluno de "menor". Se esse aluno é autor/agressor de *bullying* e/ou *cyberbullying*, é necessário cuidado para não estigmatizar o agressor duplamente, chamando-o "di menor", ou, por não lembrar ou saber seu nome próprio, rotulá-lo como "menor agressor", contrariando as normas de proteção integral da criança e do adolescente (Felizardo, 2017, p. 226).

Convém destacar, tendo em vista que estamos tratando das infrações relativas a *cyberbullying* e *bullying* efetuadas por crianças e adolescentes, os tipos de medidas que o ECA prevê, em seu art. 112:

1. advertência;
2. obrigação de reparar o dano;
3. prestação de serviço à comunidade;
4. liberdade assistida;
5. semiliberdade;
6. internação, que implica real privação de liberdade, podendo durar até 3 anos.

4.2.3 Desmistificando a ideia da impunidade: juventude, violência e maioridade penal

Falar sobre medidas socioeducativas não é muito comum entre pais e professores. Por isso, na seção transcrita a seguir, objetivamos tratar da associação da ideia de impunidade e do ato infracional praticado por adolescentes.

Juventude, violência e maioridade penal
Mário Hildebrando Schell Felizardo Neto

No que tange à relação entre juventude e violência, há, atualmente, a sensação de "caos social", seria isso verdade?

A violência fazendo de nossos jovens vítimas e algozes já vem de décadas, fruto de inúmeros fatores. Mas, um olhar com o devido distanciamento, não aponta que haja nenhuma catástrofe, nem mesmo uma tendência para isso.

E essa sensação de impunidade dos jovens infratores e da falência do sistema?

A partir da Lei n. 8.069, o Estatuto da Criança e do Adolescente, de 1990, passou de uma legislação que tratava especialmente do jovem em situação irregular para um modelo de proteção integral. Fruto de uma má interpretação deste princípio, responsabilidade, em parte, dos próprios operadores da infância e da juventude que ansiavam por avanços na área, confundiu-se proteção integral de Indivíduos – as crianças e os adolescentes – com proteção integral de Direitos. Daí a cristalização do ECA como uma lei não punitiva, complacente em relação às leis de outros países.

E a solução?

Ainda que necessários ajustamentos na lei, há que reconhecer que o Brasil possui um "Direito Penal Juvenil", implícito no ECA, sendo imprescindível a quebra de paradigmas enraizados na opinião pública que, tanto levam o jovem para o crime – na certeza de que "não dá nada" – como dá à população a sensação de insegurança. Vamos a eles.

1. **No Brasil, menores não são responsabilizados pelos seus atos!** Crianças efetivamente não estão sob o poder coercitivo do Estado. A responsabilidade penal, na prática, começa aos doze anos, quando o indivíduo passa a poder ser forçado pelo Estado a cumprir determinações da justiça. Dizer dos jovens, inimputáveis, trata-se de uma correção no uso do termo jurídico, pois a eles não é atribuída a responsabilidade dos crimes. A eles são atribuídos atos infracionais. Assim como não se pode dizer que menores são réus em processos. O termo correto é "representados", pois contra eles há uma representação do Ministério Público.

2. **Jovens no Brasil não podem ser presos!** O termo utilizado é "apreensão". Na prática, não há diferença: ambos privam a pessoa da liberdade de locomoção.
3. **Para os menores "não dá nada"!** Dá. E dá bem mais rápido. O processo de apuração de ato infracional é extremamente célere.
4. **Não há punição para os adolescentes!** Aqui o ponto mais importante. A medida socioeducativa não é um bem para o infrator – ainda que o resultado o deva ser – e tem caráter de punição. O jovem é obrigado, assim como os adultos, a cumpri-la. Portanto, o jovem é punido por suas condutas antissociais, para pagar sua dívida com a sociedade.
5. **Menores ficam pouco tempo "presos"!** "Meia-verdade." Em comparação aos adultos, em razão da possibilidade da progressão de regime destes, a diferença no tempo recluso acaba não sendo tão significativa. Porém, pela necessidade da proporcionalidade da pena com o crime, efetivamente o aumento do prazo máximo de internação (3 anos) tem boa aceitação no meio.
6. **É um absurdo dizer que o jovem não tem discernimento quanto ao cometimento de um crime!** Realmente é. Segundo Piaget, entre dez e doze anos é quando o jovem passa a respeitar as regras por elas próprias, por seus valores e pelo respeito ao outro, em detrimento ao simples controle social. Um tratamento diferenciado ao jovem não tem como motivo ele "não saber que é errado cometer um crime" e sim por suas condições biopsicossociais, que são absolutamente diversas de um adulto. Trata-se de tratar de forma diferente, indivíduos diferentes: base da igualdade.
7. **Em outros países é diferente!** Dados da ONU demonstram que são minoria os países que consideram penalmente adultos (para o sistema penal) os menores de 18 anos. Sabe-se que de um total de 57 legislações estrangeiras analisadas, apenas 17% adotam idade menor do que 18 anos como critério para definição legal de adulto. Sendo que somente 2 países, Estados Unidos e Inglaterra, são considerados desenvolvidos.

8. **O endurecimento da punição diminui a violência!** A lei dos crimes hediondos, que vigorou por quinze anos até ser considerada inconstitucional, representou um grande endurecimento das penas e não houve nenhum sinal de recuo na violência.
9. **Redução da maioridade penal vai diminuir a violência!** Pouco provável. Deverá, sim, aumentar a violência, pois submeteremos um maior número de pessoas a um sistema que não funciona.

4.3 O Poder Judiciário em defesa dos alunos vítimas de *cyberbullying*

O Poder Judiciário tem sido frequentemente acionado para defender as vítimas de *cyberbullying* (no caso em questão, os alunos). As vítimas se mostram muito corajosas ao se expor publicamente e enfrentar seus algozes, frente a frente, bem como ao aguardar pacientemente que a justiça seja feita.

"Esse é um problema de abrangência nacional e há diversidade de condenações das ações do *bullying* e do *cyberbullying* na esfera judiciária. Via de regra, as agressões acontecem entre os próprios alunos, fazendo com que a figura do estudante esteja no papel tanto da vítima como do agressor" (Felizardo, 2019, p. 116).

Sobre as considerações de juízes a respeito da promoção de *cyberbullying* e *bullying* no ambiente escolar ou atrelado a ele, apresentamos a seguir um artigo muito representativo.

Juiz pune jovens por xingarem colega de bode

Os dois adolescentes, alunos de uma escola tradicional de Ribeirão Preto (SP), terão de prestar serviços comunitários

Menina ainda acusou a dupla de ter espalhado essa e outras ofensas contra ela na internet; após ir à polícia, garota mudou de escola[2]

Dois adolescentes de classe média, de 15 e 16 anos, terão de prestar serviços comunitários por seis meses. Motivo: eles são

---
2 Matéria escrita por Juliana Coissi (2008) e publicada na *Folha de S.Paulo*, no dia 17 de outubro de 2008.

O que a vítima deve fazer em caso de *cyberbullying*: como juntar as provas para o Poder Judiciário

acusados de terem apelidado de bode e xingado uma colega de classe de uma escola tradicional de Ribeirão Preto. Eles são, ainda, acusados de divulgar os xingamentos na internet.

Os garotos negaram terem xingado e usado a internet como canal, segundo a Promotoria da Infância e Juventude. A mãe de um deles disse à **Folha** que seu filho admitiu ter sido o autor do apelido, mas que toda a classe xingava a menina. Após ir à polícia, a vítima preferiu sair do Colégio Metodista.

A decisão de aplicar a prestação de serviços foi do juiz da Infância e Juventude, Paulo César Gentile, na última terça-feira [14 de outubro de 2008], em audiência com os acusados e seus pais. O juiz concedeu remissão judicial, um "perdão" para evitar que o processo por injúria prosseguisse.

A prática de constranger colegas por xingamentos ou violência física é conhecida pelo nome de "bullying".

A vítima, uma garota de 15 anos, disse à Promotoria que os xingamentos começaram há três anos. Um dos garotos colocou-lhe o apelido de bode, mas ela afirmou que os xingamentos iam além: "fedida", "retardada", "idiota", "monga" e "esterco". Ao promotor de Justiça Naul Felca, a estudante afirmou que, "além de a rotularem de bode, passaram a fazer barulhos com a boca, simulando berros do animal nas aulas".

No início do ano, a vítima reclamou ao pai que continuava a ser ofendida. Ele foi à escola e registrou um BO por injúria. A mãe de um dos garotos contou à Folha uma versão diferente. Alega que o pai, quando foi à escola, deu um tapa na cabeça de seu filho. A escola não confirmou a agressão.

No processo, o promotor anexou páginas do Orkut, em que frases ofensivas à vítima são atribuídas aos garotos. "Mais grave foi a publicidade dada, porque transpôs os limites da escola para um lugar que não tem fronteiras", disse.

Juliana Coissi/FolhaPress

Cyberbullying e o Círculo de Diálogo Respeitoso

O outro lado

O Colégio Metodista disse, em nota, que o episódio "foi acompanhado e resolvido pela coordenação e direção pedagógica da escola e com os pais", mas que ainda assim a garota quis mudar de escola.

A mãe do menino de 15 anos disse que aceitou o acordo na Justiça "para que a história tivesse fim", e achou um exagero que a situação tenha terminado em uma audiência.

"Não vou dar razão para o meu filho, ele errou, mas apelido é uma coisa normal, é só levar na brincadeira."

Fonte: Coissi, 2008, grifo do original.

Até este ponto do texto, tratamos de maneira aprofundada da dinâmica de violência **entre alunos**. Na seção a seguir, trataremos de uma relação tão perniciosa quanto esta que viemos abordando no decorrer da obra: o assédio moral promovido por **alunos contra seus professores**.

4.4 O Poder Judiciário em defesa dos professores vítimas de assédio moral virtual

Levando-se em consideração a diferença de poder e influência entre os envolvidos, quando professores são expostos na rede social por seus alunos, trata-se de **assédio moral**. Lembramos que o termo *cyberbullying* é empregado para incidentes entre estudantes.

Registramos este julgamento, do ano de 2008, para demonstrar como foram as primeiras ações judiciais referentes a ilícitos ocorridos nas redes sociais do Brasil.

Esse processo teve início em 2006. Foi uma das primeiras ações judiciais de agressão por alunos contra um professor (no caso em questão, foram 19 alunos contra 1 professor). Os pais acabaram respondendo pela ação dos filhos, que utilizaram a então rede social Orkut para ofender o educador. O caso aconteceu em Rondônia.

Orkut: pais de alunos respondem por zombaria a professor
Jovens de Rondônia ridicularizaram professor na web, diz processo –
Indenização será dividida entre 19 pais de estudantes de Cacoal.

A Justiça de Rondônia condenou 19 pais de alunos de uma escola de Cacoal a pagar indenização de R$ 15 mil, no total, por danos morais a um professor da escola particular Daniel Berg. No processo, Juliomar Reis Penna alega que os estudantes criaram uma comunidade virtual no site de relacionamentos Orkut para "satirizar sua imagem perante colegas da escola onde ministra aulas de matemática".

A decisão da 2.ª Vara Cível de Cacoal, assinada em 28 de agosto pelo juiz Edenir Sebastião Albuquerque da Rosa, afirma que a divulgação de mensagens depreciativas denigre a imagem do professor, identificado por nome.

Na comunidade intitulada "vamos comprar uma calça nova para o leitão", diz a Justiça, os alunos usaram linguagem chula e de baixo calão, com ameaças de depredação ao patrimônio do professor.

"Incumbe aos pais, por dever legal de vigilância, a responsabilidade pelos ilícitos cometidos por filhos incapazes sob sua guarda", diz a decisão. No dia 20 de agosto, a Justiça determinou indenização de R$ 20 mil reais aos pais. Eles recorreram da decisão, e o valor a ser pago baixou para R$ 15 mil.

"Brincadeira"

Na decisão que rebate a contestação dos pais, o juiz afirma que "as condutas ultrapassam, em muito, o que pode ser considerado 'brincadeira'. Não é a pretexto de brincadeira que se justifica ofender a honra alheia ou se ameaça depredar o patrimônio alheio. Caso não saibam os apelantes, a 'brincadeira', quando ocorre, tem o consentimento e empatia das partes envolvidas, e não foi assim que os fatos se deram".

Além disso, o texto também diz que "o dever da vigilância é uma incumbência legal dos pais, enquanto responsáveis pelos filhos. Trata-se de um dever legal objetivo do qual não pode o responsável se escusar, com o argumento de ser 'impossível'

> a vigilância dos filhos vinte e quatro horas por dia. Noutras palavras, o argumento trazido pelos apelantes é por demais frágil e não afasta os consectários do descumprimento do dever legal".

Fonte: Justiça..., 2008.

Essa é só uma ínfima amostra do massacre virtual que os professores sofrem diariamente por meio de comunidades criadas por alunos com o objetivo de desmoralizar sua conduta profissional. São numerosos os profissionais da educação vítimas de assédio moral e que acabam se ausentando da sala de aula e procurando desesperadamente psicólogos, psiquiatras, terapias e drogas lícitas em razão da depressão ou da Síndrome de Burnout (tensão emocional e estresse). Quando (e se) conseguem restabelecer a saúde, os professores são readequados ("readaptados") a outros espaços físicos dentro da escola. Dessa forma, são privados de sua paixão, a sala de aula, o que gera uma insatisfação pessoal e a sensação de discriminação, pois se sentem diferentes e julgados como tal.

Nossa visão a respeito desse fenômeno é que esses educadores merecem toda a empatia de colegas de trabalho, da classe dos professores como um todo, da comunidade escolar e das famílias dos alunos. A sociedade tem de se preocupar com a inclusão e a integração desses profissionais nas unidades escolares.

Na sequência, trataremos das agressões que ultrapassam o uso de palavras, comentários e perseguições de outras naturezas, chegando à violência física.

4.5 A instituição escolar nas ações judiciais: *bullying, cyberbullying,* agressão física e omissão da escola

Para finalizarmos este capítulo, apresentamos este caso emblemático, ocorrido em 2011 e julgado em 2013, de uma aluna que sofreu intimidação repetidas vezes em sala de aula, algo que culminou em agressão física fora da escola, perseguição, humilhação e ameaças na então rede social Orkut. O caso foi agravado pela omissão dos professores e diretores.

Nas consultorias que fazemos, muitos casos chegam ao nosso conhecimento. É comum a escola afirmar que, pelo fato de as agressões serem realizadas nos celulares dos alunos, a instituição "não tem nada a ver com isso". Para esclarecer essa questão, Calhau (2018) explica:

> Se o *cyberbullying* ocorre fora do colégio e não há nexo causal algum que o ligue à escola, a responsabilidade será excluída de imediato.
>
> Se o *cyberbullying* ocorrer na escola e ela se omitir, aí a responsabilidade pode até se agravar.
>
> A meu ver, na prática, no *bullying* a escola tem muito mais autonomia do que no *cyberbullying*, já que a possibilidade deste ir parar na Justiça é muito maior. (Calhau, 2018, p. 128-129)

Diante dessas especificidades de responsabilidade, vejamos o caso. A omissão da escola resultou em ação judicial que envolveu as situações de *bullying*, *cyberbullying* e agressão física, o que resultou na condenação da instituição. De acordo com a sentença da magistrada responsável,

> tais consequências aconteceram com a autora. Ela sofreu lesões corporais, ainda que não tenha sido no interior da escola. Foi o ápice do bullying que, mesmo que tenha começado na internet e passado por briga ocorrida fora da escola, se desenvolveu e cresceu dentro do estabelecimento escolar. E a prova, ou melhor, a falta de prova da adoção de providências mais rígidas indica que o bullying cresceu graças à omissão da ré, que não levou o caso a sério como deveria. Tanto era sério, ressalte-se, que culminou com agressão física. (Felizardo, 2017, p. 241)

Conforme relatado nesta sentença de 2013, emitida pela juíza Fernanda Soares Fialdini, da 4ª vara cível do Foro Regional de Santo Amaro de São Paulo (São Paulo, 2013), a vítima adolescente foi insultada e chamada de "presunto", dentro da sala de aula e na presença do professor. Em razão da omissão do professor, os demais alunos adotaram o apelido e, desde então, passaram a humilhá-la e ameaçá-la, tanto nas redes sociais quanto no ambiente escolar, chegando ao ponto de colocar fatias de presunto sobre sua carteira escolar.

A diretoria, várias vezes procurada pela vítima e por seus representantes, omitiu-se do dever de guarda e vigilância e de sua obrigação até o dia em que a vítima e seu namorado foram agredidos fisicamente na saída da escola. Por todos esses fatos, a aluna agredida passou a evitar a escola e foi impedida de participar de sua formatura, visto estar no último ano de estudos.

É interessante apontar que a juíza destacou a necessidade de as escolas promoverem palestras de orientação contra a prática do *bullying*. Nesse sentido, a magistrada apontou que "em determinados casos a escola deve adotar providências específicas, dirigidas aos alunos envolvidos, chamar os pais, documentar-se, para comprovar que fez o que estava ao seu alcance para evitar consequências mais sérias" (São Paulo, 2013).

De fato, o *bullying* descrito não foi controlado no tempo devido e, desse modo, desenvolveu-se de tal maneira que resultou em agressões físicas contra a vítima. Nesse caso, a escola foi condenada ao pagamento de 20 mil reais em favor da vítima.

Evidenciam-se os tribunais que repudiam os atos de violação à honra, à dignidade e à imagem, entre tantos outros direitos humanos que são agredidos diariamente. Muitas vezes, há casos de *bullying* que recebem condenação com indenização por danos morais, algo que tem dupla finalidade: o ofensor não cometer mais ilícitos e, por outro lado, que o valor atribuído a título de condenação sirva, ao menos, de lenitivo à dor suportada pela vítima da ofensa (Felizardo, 2017, p. 240-242).

Com esse panorama desafiador – de inúmeros conflitos, agressões, perseguições e busca por justiça – devidamente apresentado, podemos seguir para uma relação de orientações e sugestões direcionadas ao combate específico ao *cyberbullying*.

capítulo cinco
Orientações e sugestões para pais e professores

As orientações e sugestões que apresentamos a seguir têm a intenção de dar uma visão ampla sobre a prevenção contra o *cyberbullying* com educação virtual, a abordagem dos riscos e benefícios da internet e a indicação de profissões para os adolescentes.

5.1 **Educação virtual**

Na atualidade, muitos pais e professores ainda têm dificuldades para entender e acompanhar a linguagem virtual utilizada por seus filhos e alunos. Ainda que comuns, termos como *twittar, seguir, twittando, tô seguindo* (no Twitter), *excluí* (tirou da conversa), *adicionei, postar, following* (seguindo você), *tenho tantos followers* (seguidores), *dei RT nessa MSG, retwittar* (repassar mensagem), *postar, favoritar, compartilhar, dar mute, bloquear* e *adicionar ao story* fazem com que muitos adultos cheguem à seguinte questão: "É complicado me fazer entender se não sei nem falar a língua dos meus filhos/alunos. Como vou educar/ensinar se não sei me comunicar?".

Essa dificuldade entre gerações é explicada pelo psiquiatra, psicoterapeuta, consultor de empresas e famílias, palestrante e escritor Içami Tiba (2010):

> O nosso cérebro teve que se adequar às novidades funcionais. Entretanto, a mente tem o costume de manter o que conhece e somente mudar, quando tem segurança para tal. Portanto, a mente mantém o costume antigo enquanto ele tiver dando bons resultados. Todas as pessoas saudáveis acreditam que fazem o melhor que podem. Basta saber que existe algo melhor para que a mente queira adotá-lo.

Ainda sobre esse desalinhamento geracional, consideremos o seguinte:

> Os pais e professores, mesmo que ainda tímidos internautas, são essenciais no sistema educacional para o uso adequado do computador. A fim de proporcionar um ambiente virtual adequado para o desenvolvimento intelectual, psíquico e social das crianças e jovens internautas, certamente devem se preparar e assim formar futuros cidadãos, os quais desenvolverão o senso de responsabilidade no respeitar as regras, normas, regulamentos, para serem obedientes, disciplinados e conscientes quanto aos limites e riscos que a internet oferece. (Felizardo, 2010, p. 86)

O modelo no qual os jovens se espelham são os adultos: pais, mães, outros responsáveis e professores. Por isso, elencamos a seguir três sugestões essenciais para que essas pessoas possam atuar na boa educação virtual das novas gerações.

1. Saber mais sobre **onde** e **com quem** o jovem está na rede social. Um adolescente distante do olhar atento dos pais dificulta a percepção daquilo que ele está fazendo. É importante enfatizar que, para detectar se um jovem está sendo vítima de um ciberagressor, o primeiro sinal, além da mudança no comportamento, são as mudanças em sua fisionomia. Geralmente, a vítima de ciberagressor se isola. Se o adolescente passa a maior parte do tempo dentro do quarto, ficará mais difícil detectar se ele está sendo vitimado.

2. Sempre relembrar os filhos para que não deem seus nomes, telefones e endereços para estranhos e que evitem postar fotos que identifiquem o colégio ou um lugar onde podem estar cotidianamente.
3. É primordial conhecer os amigos virtuais do jovem. Além disso, é necessário averiguar o perfil das pessoas com quem o adolescente convive e a viabilidade de conversar com elas pela rede social. Afinal, na vida presencial, os pais conversam com os amigos de seus filhos.

> O celular é a porta aberta para o mundo, e você não sabe quem entra. Fique de olho! Veja os perfis daqueles com quem os jovens estão conversando para saber o que estão fazendo.

"É necessário que os pais exerçam o seu papel como família", e que os professores, com a colaboração dos pais, orientem "os jovens quanto ao uso responsável e comedido dos recursos tecnológicos, alertando constantemente sobre os perigos provenientes do uso impróprio dessas ferramentas" (Felizardo, 2010, p. 82). Dessa maneira, é possível evitar incidentes digitais.

> O desafio é conscientizar crianças e adolescentes [de] que as ações virtuais são como as presenciais. Se um aluno furta a senha de outro aluno é como se estivesse furtando o dinheiro da mochila do colega; essa apropriação indevida deve ser mostrada como ética virtual. O mesmo se dá quando um aluno persegue um colega de classe por meio de um apelido e o envergonha na rede social para todos os outros estudantes. (Felizardo, 2010, p. 84)

É importante que pais e professores se aliem, participando da vida digital de seus filhos e alunos. Para isso, é preciso que conheçam e se atualizem com relação às tecnologias digitais, de modo que a nova geração possa ser educada de maneira correta para agir nesse meio.

Para saber mais

PINHEIRO, P. P. **Família mais segura na internet**: ética e segurança digital – cartilha orientativa. 2015. Disponível em: <https://www.mpdft.mp.br/portal/pdf/imprensa/cartilhas/Cartilha_Orientativa_Etica_Seguranca_Digital_MPDFT.pdf>. Acesso em: 22 maio 2021.

Para conhecer melhor a segurança e o uso correto das redes sociais, indicamos como sugestão pedagógica a leitura dessa cartilha.

CGI – Comitê Gestor da Internet no Brasil. **Antispam.br**. Disponível em: <https://antispam.br/videos>. Acesso em: 23 maio 2021.

O Comitê Gestor da Internet no Brasil (CGI) explica, por meio desses vídeos, os riscos que os usuários correm quando utilizam a internet de maneira incorreta. O primeiro deles, *Navegar é preciso*, trata do funcionamento da internet, com suas vantagens, riscos e necessidade de proteção, principalmente no que se refere a mecanismos como o *firewall*. Já *Os invasores* apresenta os tipos de códigos maliciosos e como eles podem entrar no computador do usuário. A maioria dos códigos tem mais de um vetor de entrada, o que motiva a criação de mais de um tipo de proteção. O terceiro vídeo, *Spam*, aborda os tipos de *spam* existentes, suas diferenças e seus malefícios, incluindo códigos maliciosos e fraudes. No último vídeo da série, chamado *A defesa*, há dicas de como navegar com segurança na rede virtual. Esperamos que essas quatro animações, contando um pouco da história da internet, possam ajudá-lo, leitor, a navegar com mais segurança na rede.

Orientações e sugestões para pais e professores

A seguir, apresentamos alguns casos em que a educação virtual falhou, causando prejuízos para muitas pessoas, em vários aspectos da realidade. Comecemos com um caso muito próximo da vida de milhões de pessoas no mundo.

5.1.1 Plágio escolar e uso da Wikipédia em trabalhos escolares

Uma das situações mais comuns no cotidiano dos professores diz respeito à reprodução literal de trechos encontrados na internet, que, por sua vez, são copiados e colados em trabalhos escolares dos alunos, o conhecido "CTRL-C + CTRL-V" (copiar e colar).

Oriente seus alunos a executarem as pesquisas escolares com procedimentos éticos, sem plágio, inserindo corretamente as fontes dos materiais utilizados, sejam eles impressos, sejam eles digitais ou retirados da internet.

Uma dica para verificar a procedência dos trabalhos é utilizar o programa CopySpider[1]. Trata-se de um *software* muito útil para detectar trechos plagiados retirados da internet, incluindo aqueles retirados de um dos repositórios mais acessados (e controversos) da internet: a Wikipédia.

> A Wikipédia, criada em 15 de janeiro de 2001, é uma enciclopédia aberta que permite ao usuário incluir ou modificar textos – pode ser escrita e enriquecida por qualquer pessoa, de qualquer parte do globo, de maneira voluntária. Trata-se de uma ferramenta que dá agilidade às pesquisas. É isenta de taxas e muito utilizada na produção de trabalhos escolares. Foi a primeira enciclopédia *on-line* multilíngue livre e colaborativa do planeta (Pinheiro, 2010, p. 58).

Demo (2012, p. 13) afirma que: "No final da primeira década do século XX, surgiram esforços de avaliação da trajetória percorrida pelas tecnologias da informação e comunicação (TICs), em especial da internet e do computador". Nessa trajetória, destacamos a plataforma Wikipédia como uma das mais utilizadas e referenciadas pelos alunos – porém,

---

1 Disponível neste *link*: <https://copyspider.com.br/main/pt-br>.

menos indicada pelos professores (Vieira; Christofoletti, 2017), ainda que haja certa aceitação dos trabalhos com essas referências por parte dos educadores.

Para Lih (2009, citada por Demo, 2012, p. 14-15), a Wikipédia "produziu uma enciclopédia de grande originalidade e utilidade por meio da promoção da edição livre, mas de qualidade bem mais questionável". Por isso, salientamos a importância de se alertar o aluno sobre o trabalho de pesquisa e a confiabilidade dessa fonte de informações, facilmente disponível na internet. É necessário que os conteúdos da Wikipédia sejam confrontados com outras fontes de pesquisas.

5.1.2 Covid-19: golpes e notícias falsas na internet

Desde o dia 26 de fevereiro de 2020, o Brasil convive com o coronavírus, que causa problemas respiratórios, entre outros, e pode levar à morte. O micro-organismo foi descoberto em 31 de dezembro de 2019, após casos registrados na China, e provoca a doença chamada *Covid-19*. As primeiras variações do vírus em humanos foram isoladas inicialmente em 1937. No entanto, foi em 1965 que o vírus foi descrito como *coronavírus*, em decorrência do perfil do micro-organismo encontrado na microscopia, que parece uma coroa (Brasil, 2021).

Infelizmente, pessoas mal-intencionadas aproveitam-se de momentos como esse para aplicar golpes e espalhar notícias falsas na internet. Para se proteger desse tipo de ação, sugerimos que consulte o conteúdo da Edição Especial do Covid-19 (CGI, 2021), publicada pelo Comitê Gestor da Internet no Brasil. Trata-se de um trabalho voltado para o público geral, mas que também conta com materiais específicos para crianças, adolescentes e pessoas com 60 anos ou mais.

5.1.3 Hackearam minha senha do Orkut, do MSN e do *e-mail*

A rede social Orkut foi desativada em 30 de setembro de 2014. Apesar de o caso relatado a seguir ter ocorrido no ano de 2009, ainda é extremamente atual. Também serve como alerta, pois crianças e adolescentes continuam correndo riscos nas redes sociais (e a situação só piora).

O relato a seguir teve um desfecho bem-sucedido graças ao auxílio do irmão da vítima, um profissional da área de tecnologia (*designer* gráfico). Confira os detalhes na sequência.

Entrevista com Gabi sobre as contas hackeadas
Entrevistadora: Aloma Ribeiro Felizardo
Entrevistada: Gabi

Aloma: Gabi, como você descobriu que haviam hackeado seu Orkut?

Gabi: Uma amiga me ligou e perguntou se eu estava no Orkut. Eu respondi que não e perguntei por quê. Ela me disse: "Apagaram todas as suas fotos e seus *scraps* e estão colocando umas fotos antigas suas".

Aloma: Hackearam seu MSN e o *e-mail* também?

Gabi: É, foi tudo junto. No MSN as pessoas iam falar comigo, e quem tinha hackeado as maltratava. Eu não sei o motivo disso.

Aloma: Quanto tempo demorou isso? Faz tempo?

Gabi: Demorou uns quatro dias, no máximo. Aconteceu em novembro de 2009.

Aloma: Então é alguém que tinha as suas fotos?

Gabi: Sim, porque essas fotos nem eu mesma tinha mais.

Aloma: Essas fotos antigas estavam no Orkut?

Gabi: Estavam, tinham mais ou menos umas cinco fotos.

Aloma: Quando sua amiga telefonou, o que você fez?

Gabi: Eu tentei entrar na internet, mas não consegui.

Aloma: Qual foi a sua reação ao ver que não era você? Sentiu vergonha, ódio, medo?

Gabi: Ódio! Fiquei muito brava.

Aloma: O que você acha que aconteceu com a sua senha?

Gabi: Não faço ideia, porque eu tinha mudado a senha fazia uns três dias, não tinha como alguém ter a senha.

Aloma: As senhas do Orkut, do MSN e do *e-mail* eram iguais?

Gabi: Não, eram diferentes.

Cyberbullying e o Círculo de Diálogo Respeitoso

Aloma: Você ainda tem algum sentimento ruim, lembranças ruins?
Gabi: Não, hoje eu nem lembro mais, esqueci completamente.
Aloma: Como é a sensação de ter um inimigo invisível?
Gabi: É estranho, e o pior é você não saber quem é.
Aloma: Você desconfiava de todo mundo que conhecia?
Gabi: Não, apenas de alguns, de umas meninas com quem eu não falava mais.
Aloma: Você se isolou, pensando que era alguém do seu círculo de amizade fazendo uma brincadeira de mau gosto?
Gabi: Não, não achei que era alguém do meu círculo de amigos.
Aloma: O que você faria se descobrisse quem era a pessoa?
Gabi: Não pensei nisso, mas eu acho que eu ia bater nela (risos).
Aloma: Eles excluíram depois de alguma ameaça?
Gabi: Sim, o Nelinho ameaçou denunciar à polícia. Dois dias depois, o Orkut foi excluído.
Aloma: O que você pode dizer para aconselhar o leitor?
Gabi: Seja o que for, não se desespere, pois a pessoa só está fazendo isso para magoar você, e não vale a pena ficar triste por isso. É só ter calma, pedir ajuda e tentar resolver isso logo.

Leia a seguir a intervenção do irmão da vítima, Nelinho.

Relato de Nelinho, irmão da Gabi, sobre sua atitude e intervenção

Tudo começou quando eu visitava o Orkut da minha irmã e vi umas fotos que a difamavam (eu sabia que as fotos não eram dela). Havia uma imagem de um seio com um *piercing*, com o título "Esse mamãe não sabe". Trocaram os títulos das fotos e adicionaram algumas comunidades de teor impróprio para menores.

Isso gerou um grande incômodo e sensação de invasão. Muitas pessoas perguntavam, pela página de recados, se era a Gabi mesmo ou se tinham hackeado o Orkut dela. Fui conversar com minha irmã e ela me disse que tinham roubado a senha do Orkut e do MSN dela e, por isso, não conseguia mais fazer nenhuma alteração na sua página de relacionamentos.

A primeira coisa que fiz foi ir atrás de algumas pessoas conhecidas (pensei que poderia ser alguma pessoa que foi amiga e estava querendo zoar com a cara dela) para conseguir informações. Cansei-me à toa, pois obviamente ninguém iria se pronunciar.

Enviei, juntamente com minha irmã, um *e-mail* para o Orkut informando que a página agora era falsa e não pertencia mais a ela. Também busquei informações no "amigo Google" sobre crime virtual. Então obtive o endereço da Divisão Cibercrimes SSP-SP: 4ª Delegacia da DIG/DEIC – Avenida Zack Narchi, 152, Carandiru, São Paulo. Liguei lá, peguei algumas informações e fiz os procedimentos.

Ainda tentei entrar em contato com a pessoa que estava com o comando da página, mas não obtive sucesso. Então deixei uma "ameaça", disse todo o procedimento a ser feito, ameaçando legalmente a pessoa, e em dois dias a página foi deletada. Não causou tantos transtornos como tem acontecido com outras pessoas, graças a Deus!

Nas atitudes de Nelinho, notamos que o jovem buscou ajuda da Delegacia Cibernética. Confira a entrevista que ele nos concedeu.

Entrevista com Nelinho, irmão da Gabi
Entrevistadora: Aloma Ribeiro Felizardo
Entrevistado: Nelinho
Aloma: Qual foi sua sensação quando viu as fotos da sua irmã manipuladas?
Nelinho: Alertei minha irmã quanto a isso, pois as fotos da página de relacionamento dela são imagens com qualidade muito boa (as máquinas fotográficas e celulares estão cada vez mais acessíveis e de melhor qualidade). Então, para sofrer uma manipulação de imagens, é muito fácil.

Aloma: Como *designer* gráfico, com facilidade de entender as ferramentas da rede, o que você pensou?
Nelinho: Alertei-a sobre o risco que estava correndo com suas fotos. Aconselhei a deixar uma marca sobre as fotos, uma marca d'água, que não atrapalha a visualização da foto, mas inibe alguém de querer roubar a foto.
Aloma: Ficou com a sensação de que não podia fazer nada?
Nelinho: Gerou um mal-estar. Sabia que não era minha irmã, e a única foto que colocaram como se fosse ela foi a de um seio, na qual não aparecia o rosto de ninguém, e o mamilo estava com um *piercing*. Tinha outras fotos que não a atacavam, mas colocava em risco sua conduta e índole.
Aloma: Houve um turbilhão de pensamentos e sentimentos?
Nelinho: Você se sente ofendido com situações como essas. Eu me sinto muito mal quando mexem com minha família, quando atacam meus queridos, sinto-me pior do que se mexessem comigo.
Aloma: Você ligou imediatamente para sua irmã ou deu um tempo?
Nelinho: Assim que vi a página, liguei para ela e perguntei sobre isso, e ela me disse que já a tinham avisado e que estava ligando para o Orkut para bloquearem a página, pois não tinha mais a senha, nem do MSN.
Aloma: Foi fácil encontrar o *link* ou a aba no Orkut?
Nelinho: Não foi tão fácil encontrar essa ajuda na página do Orkut, mas o que me ajudou foi a busca no Google, pois encontrei dicas de outras pessoas que passaram pelo mesmo problema.
Aloma: Você lembra como foi a ameaça para o *hacker*?
Nelinho: Busquei na internet os procedimentos que tinha de fazer, mas o de mais peso foi a Delegacia Cibernética, onde obtive endereços e procedimentos que deveria adotar. Deixei um recado na página hackeada, sabendo que a pessoa acabaria vendo o recado. Perguntei o motivo pelo qual estaria querendo difamar minha irmã. Disse para essa pessoa buscar encontrar

o verdadeiro sentido da vida dela, para deixar de perder tempo com essas coisas e viver. Também disse para ela excluir a página, pois iria à Delegacia Cibernética, e coloquei todas as informações, endereço, telefones, o procedimento que a delegacia toma, mostrando para a pessoa que sabia o que estava fazendo e, caso ela não sumisse com a página, a polícia a encontraria e tomaria as providências.

Aloma: Quando você ligou para a Delegacia Cibernética, foi bem atendido?

Nelinho: O atendente me respondeu todas as questões e foi solícito ao me informar os procedimentos.

Aloma: Você precisou enviar uma carta para o Orkut, para o MSN e para o provedor do *e-mail*?

Nelinho: Tivemos de informar o *link*. Minha irmã passou uma cópia do documento para comprovar que ela era a verdadeira dona da página.

Aloma: Quer deixar um recado para os seus colegas de profissão, um incentivo para ajudar o próximo?

Nelinho: Eu não tenho fotos da minha família (esposa e filhos) na minha página de relacionamentos. Infelizmente, sempre encontraremos pessoas que agem de má-fé com os outros. Principalmente na internet encontramos pessoas falsas, que não são realmente aquilo que dizem ser; há pessoas solitárias, rejeitadas, que vão encontrar refúgio e aceitação no mundo virtual, passando por aquilo que não são ou queriam ser. Acho que isso acontece porque a sociedade impõe um padrão e, infelizmente, muitos buscam seguir esse padrão nada humano.

O mau uso da internet pelas redes sociais possibilita crueldades como essa que ocorreu com Gabi, que resultou em ferimentos psicológicos na vítima. O oposto é relatado na Seção 5.2, em que o uso da internet para troca de ofensas entre quatro colegas estudantes, por meio do celular, resultou em ferimentos a faca em uma delas.

5.1.3.1 Procedimento para inserir marca d'água em uma foto

As pessoas que utilizam redes sociais não se atentam muito à proteção de imagens, ainda mais na rede social mais acessada na atualidade, o Instagram, que tem como finalidade o compartilhamento de fotos e vídeos. Se for mostrar o rosto, as imagens não devem ser muito próximas; além disso, é interessante que haja algum tipo de intervenção (como marca d'água) ou contexto, no sentido de estar no meio de alguma ação ou cena.

Veja o passo a passo a seguir de como resguardar sua imagem por meio da inserção de marca d'água. Essa sequência pode ser realizada no programa Photoshop (ou similar).

1. Abra o arquivo com a foto que você vai marcar com a transparência (menu *File → Open*).
2. Crie uma camada para inserir o texto que ficará como marca d'água (*Insert → Layer*).
3. Com a ferramenta de texto (que está na barra de ferramentas), clique no local que terá o texto e digite-o. Você também pode formatá-lo.
4. Acesse a janela de ajuste de camada que fica do lado direito. As janelas são agrupadas; a da camada se chama *Layer* e, provavelmente, estará junto da janela *Navigator*. Na janela *Layer*, modifique a transparência da camada para a porcentagem que você desejar. Quanto menor a porcentagem, mais claro ficará o texto.
5. Feche o arquivo e salve as alterações – ou, se preferir, mantenha a foto original preservada e exporte o arquivo no formato JPEG (em *File → Export*).

Colocar uma marca d'água sobre a foto é um processo bastante simples. Por melhor *designer* que uma pessoa seja, não se dará ao trabalho de "roubar" uma foto e limpar a marca (que, por sinal, não ficará boa). É melhor prevenir.

5.2 Quando o celular é ferramenta para ofensas

Atividades em grupo são práticas pedagógicas empreendidas na escolarização desde a primeira infância. O objetivo é promover boas relações entre os indivíduos, para uma formação de referência na convivência social com a família e a escola, entre amigos, bem como com a universidade e o mundo do trabalho.

Na reportagem *Briga entre quatro universitárias termina na delegacia na Zona Leste de SP*, da *Folha de S.Paulo* (Briga..., 2010), há um relato sobre uma discussão entre duas universitárias que terminou na delegacia de polícia. As alunas trocaram mensagens ofensivas pelo celular durante alguns dias em razão de um trabalho acadêmico supostamente malfeito por uma delas. As quatro estudantes participantes da atividade se encontraram em um ônibus e, após descerem, iniciaram outra discussão. Então uma delas pegou uma faca e agrediu a colega com dois ferimentos nas costas.

O descontrole demonstrado nesse evento só evidencia como a habilidade de trabalhar em grupo implica comunicação, diálogo e cooperação, ainda que possam ocorrer conflitos. Nesse sentido, a professora Mariana Kaadi (2018, p. 220) afirma que a "cooperação é necessária para a resolução de conflitos, promove o respeito ao outro". Para desenvolver as relações interpessoais, é necessário permitir a cada integrante a expressão de seus pontos de vista, para que se possa alcançar o objetivo final.

Nesse cenário grave de investidas violentas entre indivíduos e grupos, cabe a pergunta: Como os profissionais do futuro lidarão com essas armadilhas do mundo virtual? É o que veremos a seguir.

5.3 Profissões do presente e do futuro

A profissão fundamental do presente – e também do futuro – é **educar**, pois é importante saber compreender, sentir, comunicar-se e agir melhor, integrando a comunicação pessoal, a comunitária e a tecnológica (Moran, 1997). Entre as profissões do futuro em alta que possibilitam essa integração está a de perito judicial em computação forense.

Atualmente, as universidades e as instituições não formam especialistas suficientes em segurança cibernética para atender às demandas do setor. Henrique Nascimento, do Centro Universitário Maurício de Nassau (Uninassau), informa que: "Cerca de 62,2 milhões de brasileiros foram vítimas de crimes cibernéticos em 2017, os dados são do relatório anual *Norton Cyber Security Insights*" (Nascimento, 2018). Em entrevista com Giovanna Sartório, advogada especializada em Direito Civil e Processual Civil, o estudioso fez a seguinte pergunta:

> Como se tornar um perito criminal em computação?

Para atuar nessa área, é preciso ser graduado em um dos seguintes cursos: Ciências da Computação, Informática, Análise de Sistemas, Engenharia da Computação ou Engenharia de Redes de Comunicação, bem como ser aprovado em um concurso de um órgão de segurança, como a Polícia Federal. Por todas essas demandas, há poucos profissionais capacitados em busca da verdade em questões cíveis, criminais e de comportamento social.

É necessário desenvolver uma cultura de segurança cibernética. O objetivo é prevenir e, quando necessário, solucionar casos de *cyberbullying*, incidentes virtuais e crimes cibernéticos, bem como incentivar os estudantes dos ensinos fundamental, médio, técnico e superior a se interessarem pela ciência da educação cibernética.

> *As estatísticas mostram que as faixas etárias de 10 a 24 anos de idade apresentam percentuais muito mais elevados de domínio de habilidades no uso do computador e da internet do que as demais. Assim, os esforços feitos através das escolas [e o esforço redobrado dos educadores para dar conta da educação formal e virtual] terão naturalmente um impacto muito mais eficaz do que aqueles dirigidos às outras faixas etárias.* (Wagner, 2010, p. 49)

Esses jovens internautas, navegadores da rede mundial, estão sendo capacitados desde 2010 para os dias de hoje. Eles irão habilmente comandar as novas profissões das tecnologias de informação e comunicação (TICs). Nessa dinâmica, as redes sociais já viabilizaram a criação de muitos empregos, com um futuro bastante promissor no universo das mídias sociais.

Segundo o Decreto n. 10.222, de 5 de fevereiro de 2020, que aprovou a Estratégia Nacional de Segurança Cibernética, serão milhões de empregos em aberto:

> Orienta-se fortalecer programas de treinamento e de educação em segurança cibernética. Tal sugestão constitui uma demanda atual por parte de organizações públicas e privadas. Segundo o Center for Strategic and International Studies, estima-se que existam de um a dois milhões de empregos não preenchidos em todo o mundo na área de segurança cibernética. (Brasil, 2020)

No ciberespaço, a tendência é que os crimes virtuais aumentem. A investigação de autoria e a obtenção de provas demandam a formação em Computação Forense. De acordo com os pesquisadores Jeferson dos Santos Almeida, Leonardo de Santana Nascimento e Diógenes Antonio Marques José, da Coordenação de Ciência da Computação da Faculdade de Ciências Exatas e Tecnológicas (Facet) da Universidade do Estado de Mato Grosso (Unemat):

> Hoje a computação forense tem sido a base técnica utilizada pelos pesquisadores e especialistas em forças policiais como a Polícia Federal brasileira, o FBI, a Interpol, entre outros. Nesse contexto, ferramentas usadas por cientistas recuperam e analisam informações de vários dispositivos eletrônicos (por exemplo, celulares, telefones, tablets, computadores etc.), e essas informações podem ser usadas para solucionar crimes. (Almeida; Nascimento; José, 2019, p. 31, tradução nossa)

A habilidade dos estudantes nesses dispositivos eletrônicos sugere carreiras profissionais cada vez mais voltadas para o mundo tecnológico. Isso significa ocupar postos de trabalhos ainda não preenchidos e valorizados na área da tecnologia.

Nesse panorama específico, na visão da Fundação Instituto de Administração (FIA, 2019), as profissões que estão em alta são:

» engenheiro de dados;
» cientista de dados;
» analista de *big data*;
» programador de internet das coisas;
» analista de automação de *marketing*;
» perito forense virtual;
» programador de inteligência artificial;
» programador de *machine learning*;
» gestor de computação em nuvem;
» *hacker* de segurança e advogado de proteção de dados.

Há vários cursos em instituições para formar profissionais num mundo cada vez mais tecnológico, tanto nos campos da ciência da educação quanto da segurança cibernética.

capítulo seis
Sugestões pedagógicas

Neste capítulo, vamos elencar sugestões pedagógicas e materiais de apoio para projetos que minimizem incidentes digitais nas redes sociais, tais como: a dramatização (altamente recomendada), os debates orientados sobre *cyberbullying*, a criação de *blogs* que tratem desse tipo de agressão e o uso das tecnologias de informação e comunicação (TICs). Além disso, propomos o estudo da ética dos Parâmetros Curriculares Nacionais (PCN), bem como livros e filmes que podem orientar professores na formação ética dos alunos no que diz respeito ao uso seguro da internet nas relações sociais.

6.1 A dramatização como ferramenta pedagógica eficaz para a comunidade escolar

A **dramatização**[1] tem sido uma ferramenta de considerável sucesso em trabalhos de conscientização. Muitas vezes, a pessoa não tem noção do mal que está fazendo; nesse caso, o teatro pode conduzir os alunos à percepção, à empatia e à reflexão de como as ações do *cyberbullying* podem machucar o outro.

Ao se colocarem no lugar de seus pares e perceberem como eles veem, bem como se sentem, os alunos certamente mudarão de maneira substancial seus comportamentos. Essa sensibilização é necessária para a introspecção individual.

Desde o ano de 1973, Dan Olweus, importante especialista no tema do *bullying* em sala de aula, apoia "o uso da dramatização como ferramenta de ensino na prevenção de *bullying* em sala de aula, [...] a supervisão de adultos dentro e fora da sala de aula e um contato mais próximo entre pais e professores" (Middelton-Moz; Zawadski, 2007, p. 76-77).

Envolver toda a comunidade escolar e treinar alunos para montarem uma "peça teatral" é um trabalho árduo e que demanda longo tempo. Além dos professores, para trabalhar a dramatização na prevenção do *cyberbullying*, é necessário articular salas isoladas de informática com docentes de outras disciplinas. Nesse sentido, as pesquisadoras Glaucia Brito, mestre em Tecnologia, e Ivonélia da Purificação, doutora em Educação, afirmam que a "realidade brasileira mostra que o uso de tecnologias na educação está 'fincado' em laboratórios de informática" (Brito; Purificação, 2015, p. 17). Portanto, é imperativo integrar o uso das tecnologias à ação pedagógica da dramatização.

Em suma, podemos afirmar que é muito valiosa a sugestão de Olweus e, certamente, são eficazes os resultados imediatos de conscientização deste fenômeno mundial, o *cyberbullying*. O uso dessa ação pedagógica envolve toda a comunidade escolar, a família e até a comunidade local.

---

[1] Para terem o devido suporte no que diz respeito ao uso da dramatização em sala de aula, os interessados podem recorrer à obra *Bullying escolar: prevenção, intervenção e resolução com princípios da justiça restaurativa* (Felizardo, 2017), que apresenta as características do *bullying* e outras informações que podem ser incluídas no projeto político-pedagógico (PPP) da unidade escolar.

6.2 Debates sobre *cyberbullying*: trabalho em grupo

Os trabalhos em grupo desenvolvem habilidades de pesquisa (sem plágio) e promovem a discussão e a coordenação entre a turma para decidir quem fará a apresentação da atividade. Da mesma maneira, a análise dos problemas nas redes sociais permite avaliar o quanto os alunos podem aprender sobre a prevenção do *cyberbullying*.

Na preparação para os debates pedagógicos, há questões que "possuem relação direta com valores e atitudes que envolvem ética, justiça, responsabilidade e respeito entre os partícipes no processo educativo" (Suhr; Silva, 2012, p. 93).

Para efetivar um debate, é necessário material didático confiável. Para tanto, recomendamos, por exemplo, a cartilha de orientação *Família mais segura na internet: ética e segurança digital* (Pinheiro, 2015), já indicada no Capítulo 5.

O envolvimento e a interação de todos os alunos refletirão nas boas relações interpessoais entre eles na sala de aula, o que consequentemente se estenderá às famílias. O excelente material de Pinheiro (2015) é muito útil para a formação de usuários digitalmente corretos e para a construção de um ambiente virtual mais ético, seguro e legal.

6.3 A criação de *blog* nas disciplinas e o uso das tecnologias de informação e comunicação

Um *blog* criado por alunos e professores, mediado pelos educadores, pode proporcionar a intersocialização virtual e a facilitação da compreensão dos estudantes sobre o tema do *cyberbullying*, além de possibilitar a criação de recursos para tirar dúvidas, o trabalho em grupo e a cooperação. Além disso, o aluno que não tem coragem de se expor em sala de aula terá a oportunidade de iniciar um diálogo sem se sentir confrontado no espaço do *blog*.

Quebrar a rotina inserindo aulas virtuais, adequadas ao ciberespaço e vivenciadas no mundo real, trará sentido e despertará o interesse das gerações nativas da informática. Além disso, pode aproximar o professor da geração digital, que hoje permanece na sala de aula inquieta e, por vezes, indisciplinada. Por isso, essas tecnologias são necessárias no âmbito da educação, e o currículo escolar não pode continuar dissociado das novas possibilidades tecnológicas.

Essa geração cibertecnológica define a cibercultura, a qual permeia o ciberespaço. Toda essa dinâmica, assim como qualquer outra, é mais útil quando aplicada a uma prática. Pensando nisso, não seria interessante que o professor se utilizasse do conhecimento dos nativos digitais para se familiarizar com a informática? A troca de informações é muito válida nessa intersocialização, e o relacionamento professor-aluno torna-se rico na troca de saberes. De acordo com Brito e Purificação (2015, p. 112), "é hora de pensarmos em: professor + computador + recursos pedagógicos + livros + quadro de giz = professor que age, planeja e integra conhecimentos".

As redes sociais e a exploração de ferramentas também devem ajudar os participantes a explicitar seus conhecimentos para ajudar os outros, de modo que cada membro sinta que os outros valorizam sua participação, não tenha medo de dar opiniões e esteja à vontade para fazer perguntas.

Fazemos um alerta ao professor para que leia o que está estabelecido no regimento interno da sua instituição escolar, para navegar em redes sociais usando a conexão de internet da escola. Evite complicações com conflitos de natureza judicial: proponha a criação de um *blog* apenas para alunos dentro da idade estabelecida pelo Estatuto da Criança e do Adolescente (ECA).

6.4 A ética como tema transversal dos Parâmetros Curriculares Nacionais

A **transversalidade** pode ser utilizada como instrumento e medida da ação pedagógica para o desenvolvimento das atitudes morais, sociais e comportamentais dos alunos, intervindo de maneira permanente e sistemática no seu cotidiano. "A ética é um dos temas mais trabalhados do pensamento filosófico contemporâneo, mas é também um tema presente no cotidiano de cada um, que faz parte do vocabulário conhecido por quase todos" (Brasil, 1997, p. 25).

Trabalhar a transversalidade de temas sociais – por exemplo, ética, respeito, valores, dignidade, justiça, bondade, princípios, responsabilidades e obediência –, de modo que eles sejam assimilados e interiorizados na formação do bom caráter, prepara os alunos para a reflexão sobre a vida e o bom exercício da cidadania.

> A Ética diz respeito às reflexões sobre as condutas humanas. A pergunta ética por excelência é: "Como agir perante os outros?". Verifica-se que tal pergunta é ampla, complexa e sua resposta implica tomadas de posição valorativas. A questão central das preocupações éticas é a da justiça entendida como inspirada pelos valores de igualdade e equidade. Na escola, o tema Ética encontra-se, em primeiro lugar, nas próprias relações entre os agentes que constituem essa instituição: alunos, professores, funcionários e pais. Em segundo lugar, o tema Ética encontra-se nas disciplinas do currículo, uma vez que, sabe-se, o conhecimento não é neutro, nem impermeável a valores de todo tipo. Finalmente, encontra-se nos demais Temas Transversais, já que, de uma forma ou de outra, tratam de valores e normas. Em suma, a reflexão sobre as diversas faces das condutas humanas deve fazer parte dos objetivos maiores da escola comprometida com a formação para a cidadania. Partindo dessa perspectiva, o tema Ética traz a proposta de que a escola realize um trabalho que possibilite o desenvolvimento da autonomia moral, condição para a reflexão ética. Para isso foram eleitos como eixos do trabalho quatro blocos de conteúdo: **Respeito Mútuo, Justiça, Diálogo** e **Solidariedade**, valores referenciados no princípio da dignidade do ser humano, um dos fundamentos da Constituição brasileira. (Brasil, 1997, p. 26, grifo nosso)

O autor de *cyberbullying* e seus cooptados alteram o clima da sala de aula, promovendo e provocando agressão, humilhação, ausência de limites, incivilidade, indisciplina e desrespeito, com infrações às regras e perda de controle da classe por parte do professor. Nesse âmbito de agressividade, o ensino e a aprendizagem de valores sociais são necessários para se entender as dimensões social e pessoal, permeadas pelo diálogo.

A escola deve ajudar a formar pessoas capazes de combinar e discutir normas, bem como de resolver conflitos coletivamente, procurando o consenso com resultados mais práticos, pautados no respeito. Nesse sentido, Felizardo (2012, p. 91-92) observa que é necessário "mostrar que as implicações da ética e dos direitos humanos na ação profissional do pedagogo vão além da competência e do aprimoramento da qualidade da educação, evidenciando a sua prática ética como professor responsável e comprometido com os direitos humanos na educação". É válido ressaltar que a educação deve ter caráter **educativo**, e não punitivo.

Quando o professor trabalha com o grupo de alunos, é necessário que ele ressalte os princípios de liberdade, respeito, igualdade, justiça e dignidade. Tomando consciência e refletindo sobre as questões morais, pouco a pouco ele passa a assumir essa referência (Felizardo, 2011, p. 127).

Para La Taille (citado por Polato, 2008), o trabalho com os temas transversais relacionados ao comportamento social, à educação moral e à ética deve começar no ensino fundamental. O estudioso ainda acrescenta: "Ética se aprende, não é uma coisa espontânea" (La Taille, citado por Polato, 2008). Trabalhar a ética, a moral e a cidadania desde a pré-escola até o fim da adolescência resultará em futuros bons cidadãos. Aliás, essa é a responsabilidade de toda a sociedade e de suas instituições, e a família e a escola têm um papel vital a desempenhar nessa função tão importante de intervenção no mundo por meio da educação. Esse tema transversal deve ser trabalhado de forma contínua na educação digital nas escolas.

6.5 Sugestões de material de apoio pedagógico

Para finalizar este capítulo, sugerimos a seguir alguns livros para uma melhor compreensão do Círculo de Diálogo Respeitoso (CDR). Também indicamos alguns filmes para trabalhar ações visando combater o *cyberbullying*.

6.5.1 Livros para melhor compreender o Círculo de Diálogo Respeitoso

Na moldagem do programa CDR, inspirações foram extraídas das obras de Jéferson Cappellari, pesquisador que desenvolve um trabalho focado na resolução de conflitos e na educação emocional. Considerando os segmentos da escola, da família, do trabalho e das relações interpessoais, o autor ministra palestras em escolas e empresas com foco na gestão do conflito e na importância do uso da linguagem nas comunicações humanas. Além disso, o estudioso atua na área de inteligência emocional e social, tendo em vista a metodologia da comunicação não violenta (CNV), originária do psicólogo Marshall B. Rosenberg, que, com sua equipe, introduziu a CNV no Brasil.

Sugerimos os seguintes livros do especialista:

» *ABC do girafês: aprendendo a ser um comunicador emocional eficaz*;
» *O despertar do coração girafa: praticando a linguagem do cuidado à luz da comunicação não violenta*;
» *O ABC da comunicação não violenta*.

Também indicamos o *workshop* "Inteligência Emocional e Social" promovido por Cappellari para instrumentalização mediante comunicação assertiva não violenta (indicamos, mais adiante, o Instagram do autor, no qual você terá mais informações sobre isso).

Sugerimos, ainda, a leitura da obra de Marshall B. Rosenberg, *Comunicação não violenta: técnicas para aprimorar relacionamentos pessoais e profissionais* (2006), a qual nos ajuda a entender como lidar com nossos sentimentos e nossas necessidades, a compreender o que leva pessoas a se comportarem de maneira violenta, bem como a saber ouvir o que o outro está expressando e se ele está nos entendendo. Para inspiração, um prólogo desse excepcional psicólogo: "O que eu quero em minha vida é compaixão, um fluxo entre mim mesmo e os outros com base numa entrega mútua, do fundo do coração" (Rosenberg, 2006, p. 23). Os ensinamentos da CNV foram fonte de inspiração para a criação do CDR.

A obra *Bullying escolar: prevenção, intervenção e resolução com princípios da Justiça Restaurativa* (Felizardo, 2017) fundamentou parte deste livro, em especial os Capítulos 3 e 4, bem como o CDR. As perguntas que representam a essência da obra são: O que caracteriza o *bullying* nas escolas? Como prevenir que aconteça? Como reconhecer os agressores? O que fazer ao se identificar um caso?

A conscientização da comunidade escolar sobre esse assunto é o primeiro passo para revertermos as estatísticas atuais, que mostram índices elevados desse fenômeno nas instituições educacionais no Brasil. Como cidadãos e professores, temos o compromisso de descobrir formas não apenas de evitar o *bullying*, mas também de intervir em casos dessa natureza e de resolvê-los, adequando nossas condutas pedagógicas com vistas à adoção de práticas restaurativas no cotidiano escolar.

Mencionamos também o Programa Bullying e Cyberbullying, o qual tem como propósitos a conscientização sobre o *bullying* e o *cyberbullying*, a prevenção desses problemas e a pacificação de conflitos escolares por meio de palestras, cursos e supervisão mediante a ferramenta pedagógica do CDR. Consulte esse *site* e os conteúdos lá disponíveis.

Para saber mais

BULLYING E CYBERBULLYING. Disponível em: <https://www.bullyingcyberbullying.com.br>. Acesso em: 11 maio 2021.

BULLYING E CYBERBULLYING. **Livros**. Disponível em: <https://www.bullyingcyberbullying.com.br/livros>. Acesso em: 11 maio 2021.

CAPPELLARI, J. **ABC do Girafês**: aprendendo a ser um comunicador emocional eficaz. Curitiba: Multideia, 2012.

CAPPELLARI, J. **O ABC da comunicação não violenta**. E-book, s.d.

CAPPELLARI, J. **O despertar do coração girafa**: praticando a linguagem do cuidado à luz da comunicação não violenta. Santhiago Edições: Curitiba, 2019.

FELIZARDO, A. R. **Bullying escolar**: prevenção, intervenção e resolução com princípios da Justiça Restaurativa. Curitiba: InterSaberes, 2017.

JEFERSONCAPELLARI. Disponível em: <@jefersoncappellari. workshops>. Acesso em: 11 maio 2021.

ROSENBERG, M. B. **Comunicação não violenta**: técnicas para aprimorar relacionamentos pessoais e profissionais. São Paulo: Ágora, 2006.

6.5.2 Produções cinematográficas sobre *bullying* e *cyberbullying*

No decorrer destes longos anos de pesquisas sobre *bullying* e *cyberbullying*, encontramos algumas produções audiovisuais sobre esses temas. Indicamos este premiado curta-metragem, *Let's Fight it Together* (em português, *Vamos lutar juntos*). É um filme sobre *cyberbullying* para jovens de 11 a 15 anos de idade, que ajuda a sensibilizar as pessoas para a mágoa e a dor que podem ser causadas por esse tipo de agressão. A obra mostra de que maneira o *bullying* atravessa a esfera do físico ao virtual, como o *cyberbullying* pode ocorrer, quem envolve, como pode afetar pessoas diferentes e o que pode ser feito para que seja evitado ou resolvido. Observamos que, no final, há uma cena que excetuamos: chamar a polícia. Lembramos que a nossa missão é **trabalhar com o CDR**.

No CDR, sugerimos uma exibição de *Garoto barba*, curta-metragem de 14 minutos que aborda a questão do *cyberbullying* sob outro prisma. O CDR sobre a produção citada pode ser muito produtivo e contribuir para a diminuição das humilhações e perseguições, pois é possível que vários alunos se identifiquem com o personagem e, consequentemente, sintam-se encorajados a expressar seus sentimentos com relação ao modo como são tratados pelos colegas no que diz respeito a suas características individuais.

> **Para saber mais**
>
> CHILDNET INTERNATIONAL. **Let's Fight it Together**. Disponível em: <https://www.digizen.org/resources/cyberbullying/films/uk/lfit-film.aspx>. Acesso em: 17 maio 2021.
>
> GAROTO barba. Direção: Christopher Faust. Brasil, 2010. 14 min. Disponível em: <http://portacurtas.org.br/filme/?name=garoto_barba>. Acesso em: 17 maio 2021.

Para finalizar este capítulo, esperamos que os livros e os filmes indicados sirvam para apurar sua compreensão sobre o CDR e a CNV, de modo a contribuir positivamente na produção pedagógica de minimização do *cyberbullying*.

Considerações finais

Nesta obra, elaboramos um sucinto panorama sobre o mundo cibernético atual e suas repercussões no comportamento de filhos e alunos. Nosso objetivo foi promover uma tomada de consciência e demonstrar a importância da dimensão dos malefícios do *cyberbullying* dentro e fora da escola.

A instituição educacional deve compreender que o *cyberbullying* é responsabilidade dos pais e da escola. Somente com essa percepção é que será alcançada uma educação que promova a paz dentro da sala de aula e, consequentemente, no ambiente escolar.

Orientamos os pais e os professores com variadas sugestões sobre o uso correto das tecnologias por meio de histórias reais das consequências da utilização antiética da internet e das redes socais. Além disso, buscamos indicar aos jovens novas perspectivas profissionais na área cibertecnológica, as quais apontam para um futuro brilhante.

Nas questões do Poder Judiciário e da legislação, considerando a particularidade de cada caso, apontamos as necessidades do uso da lei na defesa do direito constitucional do cidadão e suas consequências. Lembramos que a mera repressão do ciberagressor, tal como vem acontecendo, oferece poucas chances de provocar uma transformação. Na verdade, a repressão impede uma mudança efetiva.

Como alternativa à prevenção do *cyberbullying*, oferecemos a ferramenta pedagógica do Círculo de Diálogo Respeitoso para implantação nos projetos curriculares das escolas. O objetivo desse recurso é promover ações preventivas, interventivas, eficazes e necessariamente contínuas.

Professores revelaram, em seus depoimentos, que é possível, sim, combater o *bullying*, o *cyberbullying* e seus desdobramentos – como indisciplina, conflitos e outras violências. É possível promover a paz de tal modo que o professor tenha tranquilidade para ministrar suas aulas por meio do vínculo afetivo entre professor e aluno. A violência não se descontextualiza da escola, do entorno escolar e do ambiente familiar do estudante. Todavia, é possível implementar estratégias eficazes que garantam um futuro menos violento.

Esperamos que esta obra tenha contribuído para a conscientização da gravidade do *cyberbullying* e que a informação, a formação e a utilização ética, segura, legal e responsável das ferramentas tecnológicas da internet minimizem a violência entre estudantes na sociedade digital.

Agradecemos pelo tempo dispensado e pela dedicação na leitura desta obra, que visa à proteção e à promoção dos direitos humanos de crianças e adolescentes nesta era digital.

Professores: nunca percam a vontade de transformar vidas!

Referências

ALMEIDA, J. dos S.; NASCIMENTO, L. de S.; JOSÉ, D. A. M. Computer Forensics: a Linux Case Study Applied to Pedophilia Crime Investigation in Brazil. **International Journal of Cyber-Security and Digital Forensics**, v. 8, p. 31-42, 2019. Disponível em: <http://sdiwc.net/digital-library/computer-forensics-a-linux-case-study-applied-to-pedophilia-crimerninvestigation-in-brazil>. Acesso em: 11 maio 2021.

ALVES, L. Games e educação: desvendando o labirinto da pesquisa. **Faeeba**, Salvador, v. 22, n. 40, p. 177-186, jul./dez. 2013. Disponível em: <https://revistas.uneb.br/index.php/faeeba/article/view/7448>. Acesso em: 11 maio 2021.

ANTUNES, N. A. **Bullying no ambiente de trabalho**. 69 f. Trabalho de conclusão de curso (Graduação em Administração) – Fundação Educacional do Município de Assis, Assis, SP, 2012. Disponível em: <https:// cepein.femanet.com.br/BDigital/arqTccs/0911260341.pdf>. Acesso em: 11 maio 2021.

ARBULU, R. Brasil é o primeiro país a receber novo recurso. **Canaltech**. 14 abr. 2020. LinkedIn Stories. Disponível em: <https://canaltech.com.br/redes-sociais/linkedin-stories-brasil-e-o-primeiro-pais-a-receber-novo-recurso-163313>. Acesso em: 11 maio 2021.

AVILÉS MARTÍNEZ, J. M. **Bullying**: guia para educadores. Campinas: Mercado de Letras, 2013.

BOZZA, T. C. L.; VINHA, T. P. Quando a violência virtual nos atinge: os programas de educação para a superação do cyberbullying e outras agressões virtuais. **Revista Ibero-Americana de Estudos em Educação**, Araraquara, v. 12, n. 3, p. 1.919-1.939, jul/set. 2017. Disponível em: <https://periodicos.fclar.unesp.br/iberoamericana/article/view/10369/6772>. Acesso em: 12 maio 2021.

BRASIL. Constituição (1988). **Diário Oficial da União**, Brasília, DF, 5 out. 1988. Disponível em: <http://www.planalto.gov.br/ccivil_03/constituicao/constituicaocompilado.htm>. Acesso em: 11 maio 2021.

BRASIL. Decreto n. 10.222 de 5 de fevereiro de 2020. **Diário Oficial da União**, Poder Executivo, Brasília, DF, 6 fev. 2020. Disponível em: <http://www.planalto.gov.br/ccivil_03/_ato2019-2022/2020/decreto/D10222.htm>. Acesso em: 11 maio 2021.

BRASIL. Decreto-Lei n. 2.848, de 7 de dezembro de 1940. **Diário Oficial da União**, Poder Executivo, Brasília, DF, 31 dez. 1940. Disponível em: <http://www.planalto.gov.br/ccivil_03/decreto-lei/del2848.htm>. Acesso em: 11 maio 2021.

BRASIL. Lei n. 7.716, de 5 de janeiro de 1989. **Diário Oficial da União**, Poder Legislativo, Brasília, DF, 6 jan. 1989. Disponível em: <http://www.planalto.gov.br/ccivil_03/leis/l7716.htm>. Acesso em: 11 maio 2021.

BRASIL. Lei n. 8.069, de 13 de julho de 1990. **Diário Oficial da União**, Poder Legislativo, Brasília, DF, 16 jul. 1990. Disponível em: <http://www.planalto.gov.br/ccivil_03/leis/L8069.htm> Acesso em: 11 maio 2021.

BRASIL. Lei n. 9.394, de 20 de dezembro de 1996. **Diário Oficial da União**, Poder Legislativo, Brasília, DF, 23 dez. 1996. Disponível em: <http://www.planalto.gov.br/ccivil_03/LEIS/L9394.htm>. Acesso em: 11 maio 2021.

BRASIL. Lei 10.406, de 10 de janeiro de 2002. **Diário Oficial da União**, Poder Legislativo, Brasília, DF, 11 jan. 2002. Disponível em: <http://www.planalto.gov.br/ccivil_03/leis/2002/l10406.htm>. Acesso em: 11 maio 2021.

BRASIL. Lei n. 13.185, de 6 de novembro de 2015. **Diário Oficial da União**, Poder Legislativo, Brasília, DF, 9 nov. 2015. Disponível em: <http://www.planalto.gov.br/ccivil_03/_Ato2015-2018/2015/Lei/L13185.htm>. Acesso em: 11 maio 2021.

BRASIL. Lei n. 13.277, de 29 de abril de 2016. **Diário Oficial da União**, Poder Legislativo, Brasília, DF, 2 maio. 2016. Disponível em: <http://www.planalto.gov.br/ccivil_03/_ato2015-2018/2016/lei/L13277.htm>. Acesso em: 11 maio 2021.

BRASIL. Lei n. 13.663, de 14 de maio de 2018. **Diário Oficial da União**, Poder Legislativo, Brasília, DF, 15 maio. 2018. Disponível em: <http://www.planalto.gov.br/ccivil_03/_Ato2015-2018/2018/Lei/L13663.htm>. Acesso em: 11 maio 2021.

BRASIL. Lei n. 13.819, de 26 de abril de 2019. **Diário Oficial da União**, Poder Legislativo, Brasília, DF, 29 abr. 2019. Disponível em: <http://www.planalto.gov.br/ccivil_03/_Ato2019-2022/2019/Lei/L13819.htm>. Acesso em: 11 maio 2021.

BRASIL. Ministério da Educação. Secretaria de Educação Fundamental. **Parâmetros curriculares nacionais**: apresentação dos temas transversais – ética. Brasília, 1997.

BRASIL. Ministério da Saúde. **Coronavírus**: o que você precisa saber. Disponível em: <https://coronavirus.saude.gov.br>. Acesso em: 24 maio 2021.

BRASIL. Ministério da Saúde. Secretaria de Vigilância em Saúde. Suicídio: saber, agir e prevenir. **Boletim Epidemiológico**, v. 48, n. 30, p. 1-14, 2017. Disponível em: <https://portalarquivos2.saude.gov.br/images/pdf/2017/setembro/21/2017-025-Perfil-epidemiologico-das-tentativas-e-obitos-por-suicidio-no-Brasil-e-a-rede-de-atencao-a-saude.pdf>. Acesso em: 15 maio 2021.

BRIGA entre quatro universitárias termina na delegacia na zona leste de SP. **Folha de S. Paulo**, São Paulo, 2 abr. 2010. Cotidiano. Disponível em: <http://www1.folha.uol.com.br/folha/cotidiano/ult95u715556.shtml>. Acesso em: 24 maio 2021.

BRITO, G. da S.; PURIFICAÇÃO, I. da. **Educação e novas tecnologias**: um (re)pensar. 2. ed. Curitiba: InterSaberes, 2015. (Série Tecnologias Educacionais).

BUDEL, G. C.; MEIER, M. **Mediação da aprendizagem na educação especial**. Curitiba: Ibpex, 2012.

CALHAU, L. B. **Bullying**: o que você precisa saber – identificação, prevenção e repressão. Niterói: Impetus, 2009.

CALHAU, L. B. **Bullying**: o que você precisa saber – identificação, prevenção e repressão. 5. ed. Belo Horizonte: D'Plácido, 2018.

CAPPELLARI, J. **ABC do Girafês**: aprendendo a ser um comunicador emocional eficaz. Curitiba: Multideia, 2012.

CAPPELLARI, J. **O despertar do coração girafa**: praticando a linguagem do cuidado à luz da comunicação não violenta. Santhiago Edições: Curitiba, 2019.

CGI – Comitê Gestor da Internet no Brasil. Edição especial COVID-19. **Portal Internet Segura**. Disponível em: <https://internetsegura.br/coronavirus>. Acesso em: 11 maio 2021.

COELHO, P. M. F.; COSTA, M. R. M.; MATTAR NETO, J. A. Saber digital e suas urgências: reflexões sobre imigrantes e nativos digitais. **Educação e Realidade**, Porto Alegre, v. 43, n. 3, p. 1.077-1.094, jul./set. 2018. Disponível em: <https://www.scielo.br/pdf/edreal/v43n3/2175-6236-edreal-2175-623674528.pdf>. Acesso em: 11 maio 2021.

COISSI, J. Juiz pune jovens por xingarem colega de bode. **Folha de S.Paulo**, São Paulo, 17 out. 2008. Cotidiano. Disponível em: <https://www1.folha.uol.com.br/fsp/cotidian/ff1710200822.htm>. Acesso em: 11 maio 2021.

COLOROSO, B. **The Bully, the Bullied, and the Bystander**: from Pre-School to High School – How Parents and Teachers Can Break the Cycle of Violence. New York: William Morrow Paperbacks: Harper, 2016.

COPYSPIDER. Disponível em: <https://copyspider.com.br/main/pt-br>. Acesso em: 11 maio 2021.

COSTELLO, B.; WATCHELL, J.; WATCHELL, T. **Círculos restaurativos nas escolas**: construindo um sentido de comunidade e melhorando o aprendizado. Bethlehem: IIRP, 2011.

DEMO, P. **Mudar a mudança**: lições da internet generativa. Curitiba: InterSaberes, 2012.

FELIZARDO, A. R. **Cyberbullying**: difamação na velocidade da luz. São Paulo: Willem Books, 2010.

FELIZARDO, A. R. **Bullying**: a violência que nasce na escola – orientações práticas para a cultura de paz. Curitiba: InterSaberes, 2019.

FELIZARDO, A. R. **Bullying**: o fenômeno cresce – violência ou brincadeira? Pinhais: Melo, 2011.

FELIZARDO, A. R. **Bullying escolar**: prevenção, intervenção e resolução com princípios da Justiça Restaurativa. Curitiba: InterSaberes, 2017.

FELIZARDO, A. R. **Ética e direitos humanos**: uma perspectiva profissional. Curitiba: InterSaberes, 2012.

FERNANDES, B. 10 redes sociais que (quase) todo mundo já usou. **TechTudo**, 16 fev. 2018. Disponível em: <https://www.techtudo.com.br/noticias/2018/02/10-redes-sociais-que-quase-todo-mundo-ja-usou.ghtml>. Acesso em: 11 maio 2021.

FIA – Fundação Instituto de Administração. **Profissões em alta para o futuro**: guia completo para 2020. 5 fev. 2019. Disponível em: <https://fia.com.br/blog/profissoes-em-alta>. Acesso em: 11 maio 2021.

FISHER, R.; URY, W.; PATTON, B. **Como chegar ao sim**: negociação de acordo sem concessões. 2. ed. rev. ampl. Rio de Janeiro: Imago, 2005.

GOIÁS. Polícia Civil. **Delegacias especializadas**. Disponível em: <https://www.policiacivil.go.gov.br/delegacias-especializadas>. Acesso em: 11 maio 2021.

HINDUJA, S.; PATCHIN, J. W. Cyberbullying Identification, Prevention, and Response. **Cyberbullying Research Center**, 2019. Disponível em: <https://cyberbullying.org/Cyberbullying-Identification-Prevention-Response-2019.pdf>. Acesso em: 11 maio 2021.

HOSPITAL SANTA MÔNICA. **Cyberbullying e suicídio**: como influenciam crianças e adolescentes? 25 jul. 2018. Disponível em: <https://hospitalsantamonica.com.br/cyberbullying-e-suicidio-como-influenciam-criancas-e-adolescentes/>. Acesso em: 11 maio 2021.

IBGE – Instituto Brasileiro de Geografia e Estatística. **Acesso à internet e à televisão e posse de telefone móvel celular para uso pessoal 2017 – PNAD contínua**. Disponível em: <https://biblioteca.ibge.gov.br/visualizacao/livros/liv101631_informativo.pdf>. Acesso em: 11 maio 2021.

JUSTIÇA condena pais de alunos a pagar R$ 15 mil por zombaria no Orkut. **G1**, 19 set. 2008. Disponível em: <https://g1.globo.com/Noticias/Tecnologia/0,,MUL766038-6174,00-JUSTICA+CONDENA+PAIS+DE+ALUNOS+A+PAGAR+R+MIL+POR+ZOMBARIA+NO+ORKUT.html>. Acesso em: 18 maio 2021.

KAADI, M. **Caráter e competência**: cosmovisão cristã. Goiânia: Kaadi Publicações, 2018.

KIM, J. H. Cibernética, ciborgues e ciberespaço: notas sobre as origens da cibernética e sua reinvenção cultural. **Horizontes Antropológicos**, Porto Alegre, v. 10, n. 21, jan./jun. 2004. Disponível em: <https://www.scielo.br/scielo.php?script=sci_arttext&pid=S0104-71832004000100009>. Acesso em: 11 maio 2021.

LEAL, L. T. Internet of Toys: os brinquedos conectados à internet e o direito da criança e do adolescente. **Revista Brasileira de Direito Civil**, Belo Horizonte, v. 12, p. 175-187, abr./jun. 2017. Disponível em: <https://rbdcivil.ibdcivil.org.br/rbdc/article/download/38/32>. Acesso em: 11 maio 2021.

LÉVY, P. **Cibercultura**. 2. ed. São Paulo: Ed. 34, 1999.

LIBERATI, W. D. **Comentários ao Estatuto da Criança e do Adolescente**. 10. ed. rev. e ampl. São Paulo: Malheiros, 2008.

LIMA, M. A. de C. S. **Girafa (*Giraffa camelopardilis*)**. Disponível em: <https://mundoeducacao.uol.com.br/biologia/girafa.htm#:~:text=Possuem%20um%20cora%C3%A7%C3%A3o%20muito%20grande,maior%20que%20o%20cora%C3%A7%C3%A3o%20humano.>. Acesso em: 11 maio 2021.

LOPES NETO, A. A.; SAAVEDRA, L. H. **Diga não ao bullying**: programa de redução do comportamento agressivo entre estudantes. 2. ed. Passo Fundo: Battistel, 2008.

MALDONADO, M. T. **A face oculta**: uma história de bullying e cyberbullying. São Paulo: Saraiva, 2009.

MARC PRENSKY. Disponível em: <http://marcprensky.com>. Acesso em: 11 maio 2021.

MIDDELTON-MOZ, J.; ZAWADSKI, M. L. **Bullying**: estratégias de sobrevivência para crianças e adultos. Porto Alegre: Artmed, 2007.

MOORE, C. **El proceso de mediación**: métodos prácticos para la resolución de conflictos. Buenos Aires: Granica, 2008.

MORAN, J. M. Como utilizar a internet na educação. **Ciência da Informação**, Brasília, v. 26, n. 2, maio/ago. 1997. Disponível em: <http://www.scielo.br/pdf/ci/v26n2/v26n2-5.pdf>. Acesso em: 11 maio 2021.

NASCIMENTO, H. **Crimes virtuais**: entenda o que são e saiba como recorrer. 29 jan. 2018. Disponível em: <https://www.uninassau.edu.br/noticias/crimes-virtuais-entenda-o-que-sao-e-saiba-como-recorrer>. Acesso em: 24 maio 2021.

OECD – Organization for Economic Co-Operation and Development. **Talis 2018 Results**: Teachers and School Leaders as Lifelong Learners. OECD Publishing: Paris, 2019. v. 1.

OLWEUS, D. Conductas de acoso y amenaza entre escolares. 2. ed. Madrid: Morata, 2004.

OLWEUS, D.; LIMBER, S. P.; BREIVIK, K. Addressing Specific Forms of Bullying: a Large-Scale Evaluation of the Olweus Bullying Prevention Program. **International Journal of Bullying Prevention**, v. 1, p. 70-84, Mar. 2019.

OSORIO, F. **Bullying**: matón o víctima, ¿cuál es tu hijo? Buenos Aires: Urano, 2013.

PINHEIRO, P. P. **Família mais segura na internet**: ética e segurança digital – cartilha orientativa. 2015. Disponível em: <https://www.mpdft.mp.br/portal/pdf/imprensa/cartilhas/Cartilha_Orientativa_Etica_Seguranca_Digital_MPDFT.pdf>. Acesso em: 11 maio 2021.

PINHEIRO, P. P. **Direito digital**. São Paulo: Saraiva, 2010.

POLATO, A. Yves de La Taille: "Nossos alunos precisam de princípios, e não só de regras". **Nova Escola**, São Paulo, 1º jun. 2008. Disponível em: <https://novaescola.org.br/conteudo/550/yves-de-la-taille-nossos-alunos-precisam-de-principios-e-nao-so-de-regras>. Acesso em: 11 maio 2021.

PRANIS, K. **Processos circulares**. São Paulo: Palas Athena, 2010.

PRENSKY, M. Digital Natives, Digital Immigrants, Part II: Do They Really Think Differently? **NCB University Press**, v. 9, n. 6, Dec., 2001. Disponível em: < https://www.marcprensky.com/writing/Prensky%20-%20Digital%20Natives,%20Digital%20Immigrants%20-%20Part2.pdf>. Acesso em: 11 maio 2021.

PRENSKY, M. **From Digital Natives to Digital Wisdom**: Hopeful Essays for 21st Century Learning. London: Corwin, 2012.

PRENSKY, M. Não podemos forçar os jovens a fazer o que foi bom para nós: ideias do milênio. **Consultor Jurídico**, 2 jan. 2018. Entrevista concedida a M. Lins. Disponível em: <https://www.conjur.com.br/2018-jan-02/embargada-milenio-marc-prenskyconsultor-educacao>. Acesso em: 11 maio 2021.

RIBEIRO, L. de T. **O direito aplicado ao cyberbullying**: honra e imagem nas redes sociais. Curitiba: InterSaberes, 2013.
RONDÔNIA. Tribunal de Justiça do Estado de Rondônia. Apelação Cível n. 100.007.2006.011349-2. Relator Juiz Edenir Sebastião Albuquerque da Rosa. Julgado em: 20 de abril de 2008.
ROSENBERG, M. B. **Comunicação não violenta**: técnicas para aprimorar relacionamentos pessoais e profissionais. São Paulo: Ágora, 2006.
SÃO PAULO (Estado). Tribunal de Justiça de São Paulo. Processo n. 0069080-65.2011.8.26.0002. Juíza Fernanda Soares Fialdini, 4ª vara cível do foro regional de Santo Amaro de São Paulo. Julgado em: 13 de agosto de 2013.
SÃO PAULO (Município). Câmara Municipal de São Paulo. Mulheres são maioria entre as vítimas de cyberbullying. **Notícias**, 16 fev. 2017. Disponível em: <https://www.saopaulo.sp.leg.br/blog/mulheres-sao-maioria-entre-as-vitimas-de-cyberbullying/>. Acesso em: 11 maio 2021.
SILVA, E. da. **Combate ao bullying por meio de princípios e práticas da justiça restaurativa**. Curitiba: InterSaberes, 2017.
SOARES, A. S. T. **A responsabilidade civil das instituições de ensino em relação aos efeitos do bullying**. Curitiba: JM, 2013.
SUHR, I. R. F.; SILVA, S. Z. **Relação professor-aluno-conhecimento**. Curitiba: InterSaberes, 2012. (Coleção Metodologia do Ensino na Educação Superior, v. 7).
TEZANI, T. C. R. Nativos digitais: considerações sobre os alunos contemporâneos e a possibilidade de se (re)pensar a prática pedagógica. **Rev. Bras. Psicol. Educ.**, Araraquara, v. 19, n. 2, p. 295-307, jul./dez. 2017. Disponível em: <https://periodicos.fclar.unesp.br/doxa/article/view/10955/7089>. Acesso em: 12 maio 2021.
TIBA, I. **Quem ama, educa**: formando cidadãos éticos. São Paulo: Integrare, 2007. Disponível em: <https://cdn.shopify.com/s/files/1/2460/8329/files/QAE_Livreto.pdf?0>. Acesso em: 11 maio 2021.
TIBA, I. **Relógios analógicos e digitais**. 2010. Disponível em: <https://www.tiba.com.br/artigo.php?id=060>. Acesso em: 11 maio 2021.
TOGNETTA, L. R. P. Violência na escola: os sinais de bullying e o olhar necessário aos sentimentos. In: PONTES, A; LIMA, V. S. de (Org.). **Construindo saberes em educação**. Porto Alegre: Zouk, 2005. p. 11-32.
TRIVINHO, E. **Dromocracia e educação**: parte 1. 20 fev. 2018. Disponível em: <https://ctead.ifpa.edu.br/noticias/385-eugenio-trivinho-dromocracia-e-educacao-parte-1>. Acesso em: 11 maio 2021.

UNESCO – United Nations Educational, Scientific and Cultural Organization. **International Day Against Violence and Bullying at School Including Cyberbullying**. Nov. 2019. Disponível em: <https://unesdoc.unesco.org/ark:/48223/pf0000371434>. Acesso em: 11 maio 2021.

URY, W. L. **Supere o não**: negociando com pessoas difíceis – como fechar grandes negócios transformando seu oponente em parceiro. 7. ed. Rio de Janeiro: BestSeller, 2012.

VIEIRA, M. V.; CHRISTOFOLETTI, R. **Confiabilidade no uso da Wikipédia como fonte de pesquisa escolar**. Fev. 2017. Disponível em: <https://www.researchgate.net/publication/264890411_Confiabilidade_no_uso_da_Wikipedia_como_fonte_de_pesquisa_escolar_1>. Acesso em: 11 maio 2021.

WAGNER, F. R. Habilidade e inclusão digital: o papel das escolas. In: CGI – Comitê Gestor da Internet no Brasil. **Pesquisa sobre o uso das tecnologias da informação e da comunicação 2009**. São Paulo: CGI, 2010. p. 47-51. Disponível em: <https://cetic.br/media/docs/publicacoes/2/tic-2009.pdf>. Acesso em: 11 maio 2021.

WENDT, E. **Lista dos Estados que possuem delegacias de polícia de combate aos crimes cibernéticos**. 8 jun. 2020. Disponível em: <http://www.emersonwendt.com.br/2010/07/lista-dos-estados-com-possuem.html>. Acesso em: 11 maio 2021.

WILLARD, N. Joint Statement on the Megan Meier's Cyberbullying Prevention Act, HR 6123. Sept. 2009. Disponível em: <http://www.embracecivility.org/wp-content/uploadsnew/2011/10/HR6123.pdf>. Acesso em: 11 maio 2021.

ZEHR, H. **Trocando as lentes**: um novo foco sobre o crime e a justiça. São Paulo: Palas Athena, 2008.

ZEHR, H. **Justiça restaurativa**. São Paulo: Palas Athena, 2012.

ZYCH, I.; FARRINGTON, D. P.; TTOFI, M. M. Protective Factors Against Bullying and Cyberbullying: a Systematic Review of Meta-Analyses. **Science Direct**, v. 45, p. 4-19, Mar./Apr. 2019. Disponível em: <https://www.ncbi.nlm.nih.gov/pmc/articles/PMC4235769/>. Acesso em: 11 maio 2021.

Anexo – Políticas públicas: leis federais *antibullying*[1]

O Brasil conta com lei específica para o combate do *bullying*, do *cyberbullying* e de outras violências: a Lei n. 13.185/2015, que entrou em vigor em 6 de fevereiro de 2016. Convém destacarmos que os legisladores que aprovaram a lei deram aos fenômenos anteriormente descritos os seguintes rótulos:

» Intimidação sistemática (*bullying*).
» Intimidação sistemática na rede mundial de computadores (*cyberbullying*).

Além dessa importantíssima legislação, citamos a seguir as seguintes leis relacionadas ao combate a agressões sistemáticas no campo da educação:

» **Lei n. 13.277/2016**: institui o dia 7 de abril como o Dia Nacional de Combate ao Bullying e à Violência na Escola.
» **Lei n. 13.663/2018**: altera o art. 12 da Lei n. 9.394, de 20 de dezembro de 1996 (Lei de Diretrizes e bases da Educação Nacional – LDBEN), para incluir a promoção de medidas de conscientização, prevenção e combate a todos os tipos de violência e a promoção da cultura de paz entre as incumbências dos estabelecimentos de ensino.
» **A Lei n. 13.819/2019**: institui a Política Nacional de Prevenção da Automutilação e do Suicídio.

A Lei n. 13.185/2015 instituiu o Programa de Combate à Intimidação Sistemática (*Bullying*). Observe, no decorrer do texto, o **parágrafo único do art. 2º**, que trata especificamente do *cyberbullying*. Vejamos a lei na íntegra:

> A PRESIDENTA DA REPÚBLICA Faço saber que o Congresso Nacional decreta e eu sanciono a seguinte Lei:
>
> Art. 1º Fica instituído o Programa de Combate à Intimidação Sistemática (Bullying) em todo o território nacional.

---

[1] As fontes das citações estão listadas na seção Referências.

§ 1° No contexto e para os fins desta Lei, considera-se intimidação sistemática (bullying) todo ato de violência física ou psicológica, intencional e repetitivo que ocorre sem motivação evidente, praticado por indivíduo ou grupo, contra uma ou mais pessoas, com o objetivo de intimidá-la ou agredi-la, causando dor e angústia à vítima, em uma relação de desequilíbrio de poder entre as partes envolvidas.

§ 2° O Programa instituído no caput poderá fundamentar as ações do Ministério da Educação e das Secretarias Estaduais e Municipais de Educação, bem como de outros órgãos, aos quais a matéria diz respeito.

Art. 2° Caracteriza-se a intimidação sistemática (bullying) quando há violência física ou psicológica em atos de intimidação, humilhação ou discriminação e, ainda:

I – ataques físicos;

II – insultos pessoais;

III – comentários sistemáticos e apelidos pejorativos;

IV – ameaças por quaisquer meios;

V – grafites depreciativos;

VI – expressões preconceituosas;

VII – isolamento social consciente e premeditado;

VIII – pilhérias.

Parágrafo único. Há intimidação sistemática na rede mundial de computadores (cyberbullying), quando se usarem os instrumentos que lhe são próprios para depreciar, incitar a violência, adulterar fotos e dados pessoais com o intuito de criar meios de constrangimento psicossocial.

Art. 3° A intimidação sistemática (bullying) pode ser classificada, conforme as ações praticadas, como:

I – verbal: insultar, xingar e apelidar pejorativamente;

II – moral: difamar, caluniar, disseminar rumores;

III – sexual: assediar, induzir e/ou abusar;

IV – social: ignorar, isolar e excluir;

V – psicológica: perseguir, amedrontar, aterrorizar, intimidar, dominar, manipular, chantagear e infernizar;

VI – físico: socar, chutar, bater;

VII – material: furtar, roubar, destruir pertences de outrem;

VIII – virtual: depreciar, enviar mensagens intrusivas da intimidade, enviar ou adulterar fotos e dados pessoais que resultem em sofrimento ou com o intuito de criar meios de constrangimento psicológico e social.

Art. 4º Constituem objetivos do Programa referido no caput do art. 1º:

I – prevenir e combater a prática da intimidação sistemática (bullying) em toda a sociedade;

II – capacitar docentes e equipes pedagógicas para a implementação das ações de discussão, prevenção, orientação e solução do problema;

III – implementar e disseminar campanhas de educação, conscientização e informação;

IV – instituir práticas de conduta e orientação de pais, familiares e responsáveis diante da identificação de vítimas e agressores;

V – dar assistência psicológica, social e jurídica às vítimas e aos agressores;

VI – integrar os meios de comunicação de massa com as escolas e a sociedade, como forma de identificação e conscientização do problema e forma de preveni-lo e combatê-lo;

VII – promover a cidadania, a capacidade empática e o respeito a terceiros, nos marcos de uma cultura de paz e tolerância mútua;

VIII – evitar, tanto quanto possível, a punição dos agressores, privilegiando mecanismos e instrumentos alternativos que promovam a efetiva responsabilização e a mudança de comportamento hostil;

IX – promover medidas de conscientização, prevenção e combate a todos os tipos de violência, com ênfase nas práticas recorrentes de intimidação sistemática (bullying), ou constrangimento físico e psicológico, cometidas por alunos, professores e outros profissionais integrantes de escola e de comunidade escolar.

Art. 5º É dever do estabelecimento de ensino, dos clubes e das agremiações recreativas assegurar medidas de conscientização, prevenção, diagnose e combate à violência e à intimidação sistemática (bullying).

Art. 6º Serão produzidos e publicados relatórios bimestrais das ocorrências de intimidação sistemática (bullying) nos Estados e Municípios para planejamento das ações.

Art. 7º Os entes federados poderão firmar convênios e estabelecer parcerias para a implementação e a correta execução dos objetivos e diretrizes do Programa instituído por esta Lei.

Art. 8º Esta Lei entra em vigor após decorridos 90 (noventa) dias da data de sua publicação oficial.

Brasília, 6 de novembro de 2015; 194º da Independência e 127º da República.

DILMA ROUSSEFF

Luiz Cláudio Costa

Nilma Lino Gomes (Brasil, 2015, grifo nosso)

A **Lei n. 13.277/2016** instituiu o dia 7 de abril como o Dia Nacional de Combate ao *Bullying* e à Violência na Escola. A data remete à tragédia ocorrida em uma escola na cidade de Realengo, no Rio de Janeiro, e deve ser lembrada para efetivação de campanhas nas escolas que visem à conscientização da gravidade do *bullying* e/ou *cyberbullying*. Além disso, trata-se de um episódio que chama a atenção para a importância de se manter olhares atentos aos alunos que precisam de cuidados na área da saúde mental. Vejamos a citada lei (Brasil, 2016):

> A PRESIDENTA DA REPÚBLICA Faço saber que o Congresso Nacional decreta e eu sanciono a seguinte Lei:
> Art. 1º É instituído o Dia Nacional de Combate ao Bullying e à Violência na Escola, a ser celebrado, anualmente, no dia 7 de abril.
> Art. 2º Esta Lei entra em vigor na data de sua publicação.
> Brasília, 29 de abril de 2016; 195º da Independência e 128º da República.
> DILMA ROUSSEFF
> Aloizio Mercadante

A **Lei n. 13.663/2018** incluiu dois incisos ao art. 12 da LDBEN sobre o combate ao *bullying* e ao *cyberbullying* e a outras violências. Dessa forma, tornou-se obrigatória a inclusão da promoção da cultura de paz nas escolas no projeto político-pedagógico (PPP). A lei determina o seguinte (Brasil, 2018):

> O PRESIDENTE DA REPÚBLICA Faço saber que o Congresso Nacional decreta e eu sanciono a seguinte Lei:
> Art. 1º O caput do art. 12 da Lei n. 9.394, de 20 de dezembro de 1996, passa a vigorar acrescido dos seguintes incisos IX e X:
> "Art. 12. ....
> IX – promover medidas de conscientização, de prevenção e de combate a todos os tipos de violência, especialmente a intimidação sistemática (bullying), no âmbito das escolas;
> X – estabelecer ações destinadas a promover a cultura de paz nas escolas." (NR)

Art. 2º Esta Lei entra em vigor na data de sua publicação.

Brasília, 14 de maio de 2018; 197º da Independência e 130º da República.

MICHEL TEMER

Rossieli Soares da Silva

Gustavo do Vale Rocha

A **Lei n. 13.819/2019** instituiu a Política Nacional de Prevenção da Automutilação e do Suicídio. Tais fenômenos podem estar correlacionados às causas e aos efeitos das ações dos autores e espectadores de *bullying* e/ou *cyberbullying*, uma vez que os agressores produzem em suas vítimas situações de pânico e terror, que descarregam suas emoções negativas na automutilação e em tentativas de suicídio. A importância dessa lei é a de impelir a escola, que convive com o aluno em sofrimento, a perceber a agressão rapidamente, notificar as autoridades e evitar óbitos infantojuvenis. Confira a lei na íntegra (Brasil, 2019):

> O PRESIDENTE DA REPÚBLICA Faço saber que o Congresso Nacional decreta e eu sanciono a seguinte Lei:
>
> Art. 1º Esta Lei institui a Política Nacional de Prevenção da Automutilação e do Suicídio, a ser implementada pela União, pelos Estados, pelos Municípios e pelo Distrito Federal.
>
> Art. 2º Fica instituída a Política Nacional de Prevenção da Automutilação e do Suicídio, como estratégia permanente do poder público para a prevenção desses eventos e para o tratamento dos condicionantes a eles associados.
>
> Parágrafo único. A Política Nacional de Prevenção da Automutilação e do Suicídio será implementada pela União, em cooperação com os Estados, o Distrito Federal e os Municípios, e com a participação da sociedade civil e de instituições privadas.
>
> Art. 3º São objetivos da Política Nacional de Prevenção da Automutilação e do Suicídio:
>
> I – promover a saúde mental;
>
> II – prevenir a violência autoprovocada;
>
> III – controlar os fatores determinantes e condicionantes da saúde mental;
>
> IV – garantir o acesso à atenção psicossocial das pessoas em sofrimento psíquico agudo ou crônico, especialmente daquelas com histórico de ideação suicida, automutilações e tentativa de suicídio;

V – abordar adequadamente os familiares e as pessoas próximas das vítimas de suicídio e garantir-lhes assistência psicossocial;

VI – informar e sensibilizar a sociedade sobre a importância e a relevância das lesões autoprovocadas como problemas de saúde pública passíveis de prevenção;

VII – promover a articulação intersetorial para a prevenção do suicídio, envolvendo entidades de saúde, educação, comunicação, imprensa, polícia, entre outras;

VIII – promover a notificação de eventos, o desenvolvimento e o aprimoramento de métodos de coleta e análise de dados sobre automutilações, tentativas de suicídio e suicídios consumados, envolvendo a União, os Estados, o Distrito Federal, os Municípios e os estabelecimentos de saúde e de medicina legal, para subsidiar a formulação de políticas e tomadas de decisão;

IX – promover a educação permanente de gestores e de profissionais de saúde em todos os níveis de atenção quanto ao sofrimento psíquico e às lesões autoprovocadas.

Art. 4º O poder público manterá serviço telefônico para recebimento de ligações, destinado ao atendimento gratuito e sigiloso de pessoas em sofrimento psíquico.

§ 1º Deverão ser adotadas outras formas de comunicação, além da prevista no caput deste artigo, que facilitem o contato, observados os meios mais utilizados pela população.

§ 2º Os atendentes do serviço previsto no caput deste artigo deverão ter qualificação adequada, na forma de regulamento.

§ 3º O serviço previsto no caput deste artigo deverá ter ampla divulgação em estabelecimentos com alto fluxo de pessoas, assim como por meio de campanhas publicitárias.

Art. 5º O poder público poderá celebrar parcerias com empresas provedoras de conteúdo digital, mecanismos de pesquisa da internet, gerenciadores de mídias sociais, entre outros, para a divulgação dos serviços de atendimento a pessoas em sofrimento psíquico.

Art. 6º Os casos suspeitos ou confirmados de violência autoprovocada são de notificação compulsória pelos:

I – estabelecimentos de saúde públicos e privados às autoridades sanitárias;

II – estabelecimentos de ensino públicos e privados ao conselho tutelar.

§ 1º Para os efeitos desta Lei, entende-se por violência autoprovocada:

I – o suicídio consumado;

II – a tentativa de suicídio;

III – o ato de automutilação, com ou sem ideação suicida.

§ 2º Nos casos que envolverem criança ou adolescente, o conselho tutelar deverá receber a notificação de que trata o inciso I do caput deste artigo, nos termos de regulamento.

§ 3º A notificação compulsória prevista no caput deste artigo tem caráter sigiloso, e as autoridades que a tenham recebido ficam obrigadas a manter o sigilo.

§ 4º Os estabelecimentos de saúde públicos e privados previstos no inciso I do caput deste artigo deverão informar e treinar os profissionais que atendem pacientes em seu recinto quanto aos procedimentos de notificação estabelecidos nesta Lei.

§ 5º Os estabelecimentos de ensino públicos e privados de que trata o inciso II do caput deste artigo deverão informar e treinar os profissionais que trabalham em seu recinto quanto aos procedimentos de notificação estabelecidos nesta Lei.

§ 6º Regulamento disciplinará a forma de comunicação entre o conselho tutelar e a autoridade sanitária, de forma a integrar suas ações nessa área.

Art. 7º Nos casos que envolverem investigação de suspeita de suicídio, a autoridade competente deverá comunicar à autoridade sanitária a conclusão do inquérito policial que apurou as circunstâncias da morte.

Art. 8º (VETADO).

Art. 9º Aplica-se, no que couber, à notificação compulsória prevista nesta Lei, o disposto na Lei n. 6.259, de 30 de outubro de 1975.

Art. 10. A Lei n. 9.656, de 3 de junho de 1998, passa a vigorar acrescida do seguinte art. 10-C:

"Art. 10-C. Os produtos de que tratam o inciso I do caput e o § 1º do art. 1º desta Lei deverão incluir cobertura de atendimento à violência autoprovocada e às tentativas de suicídio."

Art. 11. Esta Lei entra em vigor após decorridos 90 (noventa) dias de sua publicação oficial.

Brasília, 26 de abril de 2019; 198º da Independência e 131º da República.

JAIR MESSIAS BOLSONARO

Sérgio Moro

Abraham Bragança de Vasconcellos Weintraub

Luiz Henrique Mandetta

Damares Regina Alves

André Luiz de Almeida Mendonça

Sobre a autora

Aloma Ribeiro Felizardo é doutoranda em Psicologia Social pela Universidade Kennedy – UK (Buenos Aires, Argentina); mestranda em Sistemas de Resolução de Conflitos pela Faculdade de Direito da Universidade Nacional de Lomas de Zamora – UNLZ (Lomas de Zamora, Argentina); e graduada em Pedagogia pela Faculdade Interlagos de Educação e Cultura (Fintec). Cursou Teoria e Ferramentas de Negociação na Harvard Faculty Club (Massachusetts, USA); Comunicação, Educação e Cibercultura na Pontifícia Universidade Católica de São Paulo (PUC-SP); Ética e Direitos Humanos em Adolescente em Conflito com a Lei na Universidade Bandeirantes de São Paulo (Uniban-SP); e Práticas Restaurativas no Instituto Latino Americano de Prácticas Restaurativas – ILAPR (Lima, Peru).

É facilitadora em Justiça Restaurativa pela Escola Superior de Magistratura (Ajuris-RS) e mediadora transformativa de conflitos na Escola Superior do Ministério Público (ESMP-SP). Foi condecorada com a Medalha Alumni Diamante. É membro do Restorative Justice Council (RJC) do Reino Unido e da Asociación Latinoamericana de Magistrados, Funcionarios, Profesionales y Operadores de Niñez Adolescencia y Familia – AlamfpyOnaf (Mendoza, Argentina). Em 2018, foi consultora da Comissão Parlamentar de Investigação contra Maus Tratos em Crianças em Adolescentes. Atualmente, é consultora, escritora e palestrante nacional e internacional sobre bullying, cyberbullying, mediação de conflitos, prática restaurativa, negociação e comunicação não violenta. É autora do Programa Bullying e Cyberbullying[1] e da ferramenta pedagógica do Círculo de Diálogo Respeitoso (CDR).

Contato: alomarf@uol.com.br.

---

1 BULLYING E CYBERBULLYING. Disponível em: <http://bullyingcyberbullying.com.br>. Acesso em: 12 maio 2021.

Os papéis utilizados neste livro, certificados por instituições ambientais competentes, são recicláveis, provenientes de fontes renováveis e, portanto, um meio responsável e natural de informação e conhecimento.

Impressão: Reproset
Agosto/2021